Barbara Messer

Das pure Leben spüren

BARBARA MESSER

Das pure Leben spüren

Warum wir nicht viel brauchen,
um glücklich zu sein

GABAL

Externe Links wurden bis zum Zeitpunkt der Drucklegung des Buches geprüft.
Auf etwaige Änderungen zu einem späteren Zeitpunkt hat der Verlag keinen Einfluss.
Eine Haftung des Verlags ist daher ausgeschlossen.

Bibliografische Information der Deutschen Nationalbibliothek

Die Deutsche Nationalbibliothek verzeichnet diese Publikation in der Deutschen Nationalbibliografie; detaillierte bibliografische Informationen sind im Internet über http://dnb.d-nb.de abrufbar.

ISBN 978-3-86936-834-4

Lektorat: Anna Ueltgesforth | www.arsvocis.de
Umschlaggestaltung: Stephanie Böhme, Strategische Konzeption und Design, Neuwied
Titelfoto: Eldar Nurkovic / Shutterstock
Fotos: Barbara Messer
Autorenfoto: Uwe Klössing
Satz und Layout: Das Herstellungsbüro, Hamburg |
www.buch-herstellungsbuero.de
Druck und Bindung: Salzland Druck, Staßfurt

Printed in Germany

www.gabal-verlag.de
www.facebook.com/Gabalbuecher
www.twitter.com/gabalbuecher

»Die eigentlichen Entdeckungsreisen bestehen
nicht im Kennenlernen neuer Landstriche, sondern darin,
etwas mit anderen Augen zu sehen.«

MARCEL PROUST

Ich widme dieses Buch meiner Katze Hexe, die ganz nach dem Motto »Über den Napfrand hinaus« lebt und mich in diesem Jahr im Wohnmobil so treu begleitet hat.

INHALTSVERZEICHNIS

PROLOG

Dies ist eine Geschichte zum Augenöffnen, zum Innehalten und Nachdenken.

Ein Jahr im Wohnmobil – kein Sabbatical, sondern ein Leben als Nomadin in Deutschland, vier Jahreszeiten mit allem Wesentlichen dabei, was es für das tägliche (Arbeits-)Leben braucht. Ein Jahr Minimalismus, persönliche Klarheit, Power und Resilienz.

Ein Jahr im Aufbruch, voller Verantwortung und mit einem ganz normalen Arbeitsalltag als Rednerin, Trainerin und Coach.

Ein Jahr voller ganz besonderer, einmaliger Momente.

Ein Jahr, welches mich gelehrt hat,

- kostbare Momente im Alltag zu schaffen, die unvergesslich sind,
- den Tagen (und Nächten) mehr Leben zu geben,
- ortsunabhängig Heimat und Zuhause zu leben,
- dass ich mit wenig viel bewirken kann,
- kleine und große Abenteuer im Alltag zu erleben,
- ein neues Verständnis für Rechtschaffenheit und andere Tugenden zu bekommen,
- eine neue Sicht auf das Leben zu erhalten,
- den eigenen Ängsten in die Augen zu schauen und das Gold darin zu finden,
- Minimalismus zu leben,
- dass ich ungeschminkt am ehesten ich selber bin,
- klarer zu sein, einfacher zu sein, intensiver und glücklicher zu sein.

Dies ist kein weiteres Buch unter dem Motto »So machen Sie Ihr Leben besser« oder »Lebe Deinen Traum«. Dieses Buch kann ein kleiner Anstoß sein, über die Verantwortung für das eigene Leben nachzudenken, sich der eigenen Werte und Möglichkeiten bewusst zu werden und klarer zu werden. Und dieses Buch kann viele Impulse liefern, mit weniger Zuviel mehr Freude und Glück zu erfahren, verwundbarer zu sein und zufriedener zu leben.

In einer Welt, die einerseits jederzeit in wenigen Stunden zerstört sein kann und die zugleich voller Wunder und Schönheit ist, suchen wir Menschen unseren individuellen Weg, um ein sinnvolles Leben zu führen.

Immer unsteter werden die Parameter, an denen wir unsere Definition eines guten Lebens festmachen können, die Welt wandelt sich ständig, und die Zukunft ist ungewiss. Materielles ist vergänglich, die Aussicht auf eine Rente zu vage, um ein Sicherheitspolster fürs Alter sicherzustellen, da bekommt unser Selbst einen neuen Fokus.

Alles Materielle ist nur auf Lebenszeit geborgt, teilweise sogar auf Pump gekauft. Materielles kann schnell zum Klotz am Bein, zur Unfreiheit und zum Ballast werden. Neue Erfahrungen, kleine und große Abenteuer, neue Einsichten und Erkenntnisse, sich von sich selber überraschen lassen, das lässt uns zum Lebensende hin zufrieden auf das eigene Leben schauen.

Alles Materielle ist nur auf Lebenszeit geborgt, teilweise sogar auf Pump gekauft.

Meist geht es doch darum, aus dem, was wir haben, etwas Neues zu kreieren, was uns glücklich macht, was uns erfüllt und was uns später im Rückblick auf unser Leben wissen lässt, dass es gut war. Oft genug gilt es, die Veränderungen, die das Leben fordert, anzunehmen und etwas Neues daraus zu schaffen – wenn nicht sogar die eigene Person neu zu erfinden.

Oder es sogar abenteuerlich, aufregend, erfüllend, spektakulär zu gestalten – und es gilt, noch mehr Aspekte im Auge zu haben, um getrost in dieser sich wandelnden Welt den eigenen Kurs zu bestimmen.

Und das ist nicht immer einfach, denn unsere Weltordnung fordert uns heraus – täglich kommen neue Schreckensmeldungen, die uns erschüttern. Flüchtlinge, die an Spaniens Urlaubsstränden landen, durch Massenvergewaltigung gekennzeichnete Frauen in Afrika, Kinder, die zu Prostitution und Heirat gezwungen werden und auf Müllhalden leben, Konsumwahn auf Kosten anderer. Restaurants werfen Lebensmittel weg, von denen andere Menschen sich tagelang ernähren könnten, und Atomraketen stehen parat, die jeden Moment gestartet werden können. Wie kann das gelingen, mit diesen und anderen Nachrichten zurechtzukommen und dabei das eigene Leben genießen zu können? Geht das überhaupt noch? Ich sage: Ja.

Was für Menschen möchten wir sein? Wie möchten wir uns selber betrachten? Würdevoll oder lieber uns abwendend, weil wir uns selbst nicht gerecht werden? Das sind Fragen, denen ich mich – auch in diesem ganz besonderen Jahr – gestellt habe.

Ich frage mich täglich, was das richtige Maß ist, die Welt der Nachrichten in meine Welt hineinzulassen. Mich erschüttern diese Nachrichten, manches Mal bringen sie mich zum Weinen. Doch dennoch wage ich mich an den Gedanken heran, was ein Mädchen erlebt, das Zwangsheirat durchmacht, oder eine Frau, die eine Vergewaltigung über sich ergehen lassen muss, oder ein Künstler, der unverhofft inhaftiert wird. Ich kann es mir nicht vorstellen, doch ich mag es auch nicht von mir wegschieben – und suche nach einer Lösung. Natürlich kann ich nicht die Welt retten, aber ich weiß, dass ich in meiner kleinen Welt für Verbesserungen sorgen kann. Und täglich bin ich dankbar für die Freiheit und die Möglichkeiten, die ich habe und erleben darf.

Oft genug wissen wir, was gut wäre, um zumindest den Schaden des eigenen Handelns zu reduzieren, doch wir tun es nicht immer – denn die Welt da draußen ist weit weg.

Es gibt schon viele gute Projekte und Ideen, doch reichen sie nicht aus, damit alle Menschen auf diesem Planeten in Sicherheit und Frieden leben können.

Und dennoch – jedes kleine Projekt kann einen Unterschied machen.

Worauf richten wir jedoch den Fokus? Auf die Anti-Faltencremes, die diversen Angebote von Selbstoptimierung und kontinuierlichen Weiterentwicklungsmöglichkeiten der eigenen Persönlichkeit oder eine noch gesündere Ernährungsform oder eine Yoga-App?

Wie mag ein glückliches Leben gelingen? Welche Parameter lassen wir gelten? Gelingt uns da noch eine Ehrlichkeit, uns und anderen gegenüber? Ich vermute, dass das nur noch möglich ist, wenn wir den Blick nicht allzu sehr heben, denn sonst müssten wir unweigerlich vieles unseres Lebensstils in Frage stellen und unser Leben komplett umkrempeln. Doch eine »Ist-mir-egal«-Haltung geht nicht, dass wissen Sie, liebe Leserin, lieber Leser, ganz genau.

Den Mittelweg finden? Das könnte ein Schlüssel sein. Einen eigenen Weg finden. Nicht nur nach der Leichtigkeit suchen, sondern lernen, auch das Schwere, wie Probleme und Herausforderungen, anzunehmen, um damit in Frieden und Akzeptanz zu sein.

Das Internet ist voller Tipps, wie wir glücklich leben können. Jede Buchhandlung hat Hunderte von Büchern, die uns lehren wollen, wie wir ein positives Leben führen können. Für mich ein Zeichen, dass die Sehnsucht der Menschen danach groß ist.

Doch gehört für mich auch dazu, ehrlich, demütig und rechtschaffen zu leben und den Schwierigkeiten nicht auszuweichen, sondern sie anzunehmen, bevor sie sogar noch schwerer wiegen.

Ein eigenes Bild von sich und dem eigenen Leben zu entwickeln, ist eine starke, wirksame Möglichkeit, auch in dieser sich so schnell wandelnden Welt das Steuerrad in der Hand zu halten.

Und »Aus allem das Beste machen!« ist meine Ergänzung dazu. Auch aus einer vermeintlichen Schwierigkeit zu lernen und reifer herauszugehen – gelöste Probleme, überwältigte Hürden und durchlebte Schicksalsschläge machen unser Leben reicher. Nicht materieller Art, aber sie schenken uns Erfahrungen, die uns reich machen.

»Ändere doch deine Einstellung!« oder »Steig doch einfach aus dem Hamsterrad aus!« sagen die einen, andere werden womöglich krank, bekommen einen Burn-out oder jagen einem optimierten Selbst hinterher. Und es gibt Menschen, die brechen komplett aus, nehmen ihre noch nicht schulpflichtigen Kinder auf eine Weltreise mit dem VW-Bus mit. Andere leben mit ihren zwei Kindern im Fertighaus auf Pump und zwei Autos davor. Es gibt so viele Möglichkeiten, das Leben zu gestalten.

Meine Geschichte ist die Geschichte eines Mittelweges: der liebevollen, humorvollen und verantwortungsvollen Annahme des Schicksals, ohne das Steuerrad aus der Hand zu geben. In einer herausfordernden Situation aktiv zu bleiben, um sie zu nutzen für einen Aufbruch zu einem neuen Ufer, hat etwas mit Lebenskunst zu tun. Das Leben als Kunstwerk zu betrachten, selber darin zu schaffen, zu wirken; Möglichkeiten zu sehen und zu nutzen; Vernünftiges und Unvernünftiges zu tun. Und ein wenig Pfadfinderin sein, denn das Prinzip »Jeden Tag eine gute Tat« habe ich schon mit acht Jahren verstanden. Und nicht zuletzt kleine und große Abenteuer zu erleben, denn das wollen ja nicht nur die Pfadfinder. Viele Menschen lieben Abenteuer, warum also nicht.

Und nun lade ich Sie herzlich ein, mir über die Schulter zu schauen und sich das daraus zu entnehmen, was für Sie Sinn ergibt.

Dieses Jahr war gewiss nicht leicht – aber es war einmalig, aufregend, abenteuerlich, schön und eindrucksvoll.

Dieses Jahr war gewiss nicht leicht – aber es war einmalig, aufregend, abenteuerlich, schön und eindrucksvoll, und es hat mein Leben nachhaltig verändert. Vieles betrachte ich seitdem anders, reifer und gelassener. Der Satz »Das geht doch nicht« gehört der Vergangenheit an. Ich weiß nun, dass so vieles mehr möglich ist, als ich jemals dachte.

Das Jahr im Wohnmobil ist jedoch nur der rote Faden, das Raster, in dem ich meine Gedanken einordne. Eine sehr persönliche Zäsur und Erfahrung, die mein Leben tiefgreifend verändert hat.

Kunst und damit auch die Lebenskunst hat mit dem Abschneiden alter Zöpfe zu tun, mit Aufbruch, mit etwas Neuem. Wild sein, frei sein, das sind Begriffe, die den meisten Menschen dazu einfallen. Doch Kunst hat einen Auftrag, sie folgt einer Botschaft, einer Mission, und wenn sie das Aufbrechen selber ist. Und Kunst hat auch etwas damit zu tun, dem Material und dem Objekt eine neue, vorher nicht gekannte Interpretation und einen Ausdruck zu geben.

Intensität. Ein pures, klares Leben oder Lebensgefühl gelingt, wenn wir klarer sind und uns weniger vormachen. Purheit und Reduktion statt Multitasking und Überfluss. Folgen Sie mir mit dem Gedanken, sich weniger vorzumachen – ganz wörtlich betrachtet! Wenn man sich etwas vormacht, nimmt man sich die Sicht – kann also nicht (uneingeschränkt) erkennen, was eigentlich da ist. Der Blick ist verstellt – man sieht die Bäume statt des Waldes. Blicken Sie neu in Ihre Welt. Dieses Jahr im Wohnmobil war eine Art Lebenskunstwerk. Schaffen Sie Ihre eigenen Kunstwerke!

LIBELLEN AN DER NAAB – AUSZUG AUS DEM SOMMERGLÜCK

»Gleich setzt sich die Libelle auf mein Knie!« Mit angehaltenem Atem sitze ich an der grünen Böschung des Flusses und hoffe, dass sich eine der vielen blauen Libellen mir nähert. Das tut sie aber nicht, ich bin ihr wohl fremd und ein wenig suspekt. Das ist verständlich – bin ich doch um ein Vielfaches größer als sie. Und dufte sicher anders als dieses für sie so vertraute Biotop.

Sie flattert an diesem milden Sommerabend mit den anderen Libellen am Flussufer entlang, und ich liebe es, ihnen dabei zuzuschauen und die Zeit zu vergessen. Wie gut, dass ich nicht fernsehe, sonst würde vielleicht der »Tatort« diese Idylle unterbrechen. Ich bin glücklich. Alles wirkt geradezu perfekt auf mich. Als säße ich inmitten eines Gemäldes.

Meine kurzen Haare sind trocken gerubbelt, und ich habe mich in das große Handtuch mit dem roten Fischmuster gewickelt, welches ich vor vielen Jahren in Dänemark kaufte.

In einem unbekannten Fluss zu schwimmen, ist für mich ein kleines Abenteuer, die Strömung, die Tiefe und die Beschaffenheit des Wassers sind unklar, und dann gibt es dieses Nicht-von-der-Stelle-Kommen«, wie bei einer Gegenstromanlage, die in manche kleine Swimmingpools eingebaut ist.

Ich beginne zu lachen, denn mir wird bewusst, dass ich eben wirklich gegen den Strom geschwommen bin.

Gleich picknicken wir. N. hat bereits die Tische auf die kleine Wiese gestellt.

Es ist ein Sommersonntag Ende Juni, irgendwo in der Nähe von Regensburg – nur ein kleiner, kaum erkennbarer Fleck auf der Landkarte – aber so etwas wie ein Paradies. Ich spüre mich und auch meine kindliche Freude am Da-Sein – da sein, wo ich bin.

Und wie so oft hat mich meine Intuition diesen Platz finden lassen, ein Platz für die kommenden drei Tage vor dem nächsten öffentlichen Termin.

Dies ist einer der Momente dieses Jahres, von denen ich bereits während des Erlebens weiß, dass ich sie nie vergessen werde. Sie sind einmalig.

Keine palmengesäumten weißen Strände in fernen Ländern, die nur mit dem Flugzeug zu erreichen sind, stattdessen eine kleine grüne Miniwiese an einer kleinen Straße direkt an der Naab. Nicht wirklich ein offizieller Weg, sondern so eine Art Verbindungsweg, der nur den Einheimischen bekannt ist und der viel von Radfahrern genutzt wird. Das Wohnmobil fällt nur ein bisschen auf, vermutlich wird sich keiner daran stören. Freude und Glück auf einem einfachen Weg.

Vor uns liegt ein Abend mit Picknick, Frieden, langen Gesprächen über Gott und die Welt, der Möglichkeit, friedlich zu schweigen, und dem Sternenhimmel über uns.

Nichts Spektakuläres, ganz im Gegenteil. Doch für mich das Paradies.

Es braucht für mich nicht viel, um glücklich zu sein. Sorgfältig speichere ich auch an diesem Abend meine wertvollen Momente des Tages ab. Momente, für die ich dankbar bin, die mich berührt haben, in denen ich etwas gelernt habe, in denen ich jemand anderem etwas Gutes tun konnte, in denen ich ein klein wenig für die Welt tun konnte.

EISKALTER WINTER – ENTTÄUSCHUNG AM ZWEITEN ADVENT

Eisig fegt der Wind über die weite Asphaltfläche, der Schneeregen peitscht von der Seite, das Wohnmobil ruckelt bei jeder Windböe. Von Landschaft oder so keine Spur. Ein grauschwarzer Himmel geht nahtlos in die Düsterkeit über, die über dem dunklen Wasser der Elbe liegt. Ein Wetter, bei dem man keinen Hund hinausschicken würde, sagen die Menschen. Und von genau diesem Wetter trennt uns nur die dünne Kunststoffschicht des Wohnmobils. Der eisige Regen pladdert aufs Dach, hinterlässt ein Rauschen, was ich angesichts der Kälte und Intensität als bedrohlich empfinde. Noch haben wir nicht genug Wasser und noch keinen Strom. Denn wir sind soeben auf diesem Platz angekommen.

N. läuft zur Höchstform auf, sie schafft es noch mit eisigen Fingern und Händen, die 50-Cent-Stücke für den Stromkasten einzuwerfen, das Grauwasser abzulassen und das Stromkabel inklusive Verlängerung an die Außensteckdose anzuschließen. Ohne die Miene zu verziehen, tut sie das einfach. Sie hat meine tiefe Bewunderung, bei dieser unwirtlichen Kälte und Nässe hinauszugehen und diese für uns jetzt hier so elementaren Aufgaben zu erledigen.

Andere Menschen verbringen jetzt den zweiten Advent zu Hause auf dem Sofa, schauen in den Kamin und freuen sich an allem, was sie umgibt. Ich hingegen breche fast in Tränen aus. Müde, frierend und enttäuscht sitze ich stattdessen einfach nur noch auf meiner angestammten Seite des Tisches. Eingehüllt in meinen blauen Fleecemantel, den ich im Winter so gerne trage. Unser Plan vom Winterquartier für die kommenden vier bis sechs Wochen hat sich gerade zerschlagen.

Frieden in mir, in uns und unserem kleinen Universum.

Aber wir haben es selber so gewählt – ausprobieren, es zu tun statt es nicht zu machen. Wie viel einfacher wäre es jetzt, mit dem Wohnmobil nach Spanien oder in andere südliche Gefilde zu fahren. Aber nein, das wäre nicht meines. Ich gehe den Weg mit den Steinen, nicht den leichten. Denn aufgeben kann ich immer noch.

N. kommt nass und durchgefroren herein, wir umarmen uns lange, doch dann muss sie sich die Finger wärmen. Wir machen Tee, trinken einen Grappa auf diesen zweiten Advent. Nähe tut gut.

Leben ist Veränderung – in jedem Moment, also auch in diesem.

Wir schauen aus dem Fenster; auf der anderen Elbseite ist oben an der Kirche ein riesiger Weihnachtsbaum aus Lichterketten angebracht. Das ist unser zweiten Advent – doch halt, wir machen auch eine zweite Kerze an. Wir sind allein und haben unsere Ruhe. Frieden in mir, in uns und unserem kleinen Universum. Weit und breit kein Mensch. Sicher ist dieser Platz im Sommer schön, doch jetzt gehen die Windböen peitschend über uns nieder. Gut, dass wir zu zweit sind. Alleine zu sein, scheint mir schwerer zu sein.

Meine Mutter fehlt mir, gestehe ich mir ein. Wahrscheinlich könnte sie gerade nichts verbessern, aber allein der Gedanke, dass sie da wäre, ist tröstlich. Sie lebt aber nicht mehr, ich kann mir ihre Nähe nur in Gedanken herbeizaubern. Und das tut gut.

Da wir Strom haben, hole ich meinen Laptop aus dem Schrankfach und mache Musik. Dies ist ein Ritual, das uns schon oft über schwierige Momente hinweggeholfen hat: Wir tanzen im Wohnmobil. Auch wenn kaum Platz ist, tut es gut, die Musik voll aufzudrehen und zu tanzen. Mindestens eine Viertelstunde lang wählen wir einen Lieblingstitel nach dem anderen aus und tanzen, mal ruhig, mal wild, trotzen dem Wetter draußen und vergessen die Welt um uns herum.

Morgen schlafen wir aus, morgen früh sehen wir weiter, stimmen wir zusammen an, als wir eine Flasche Wein aufmachen und diesen Tag innerlich begraben.

Und während der kleine Elektropüster leise klickt, schlafen wir später ein. Und werden immer wieder wach.

Dieses Wetter in der Nacht zeigt uns wieder einmal unsere Zerbrechlichkeit und Nähe zur Natur und zu den Elementen. Mit beginnendem Hagel wird es noch schlimmer. Laut prasselt er aufs Dach, wir liegen quasi wenige Zentimeter unter den auftreffenden Hagel- und Eiskörnern und hören ihr Hüpfen und Springen. Wetter hautnah – an Schlaf ist nicht zu denken. Denn nur die dünne Kunststoffhaut schützt uns vor den Wettern.

Solch eine Nacht macht müde. Der fehlende Schlaf zieht sich – erfahrungsgemäß – in den nächsten Tag.

Aber Nächte wie diese gehören eben dazu. Sie lassen mich die Kostbarkeit der anderen Nächte noch mehr schätzen.

WIE ALLES BEGANN – DU MUSST ES IHR SAGEN!

»Du musst es ihr sagen, sonst ist es unfair!« Mahnend sieht mich meine beste Freundin Christina an.

Ich schüttele den Kopf. »Nein, das macht sie ganz verrückt, wenn ich es ihr jetzt schon erzähle.«

Christina lässt nicht locker. »Barbara, sag es ihr. Du musst mit ihr reden, auch wenn du denkst, sie versteht dich nicht. Sie wird wissen, was du meinst.«

»Christina, ja, lass mal gut sein, ich weiß schon, wie ich das mache.«

Erst auf dem Rückweg nach Hause merke ich, dass mich ihre Worte berührt haben. Wie das Klopfen in einem hohlen Zahn mahnen sie mich. »Christina hat recht«, denke ich. »Es ist an der Zeit, mit ihr zu reden.« Also fasse ich mir gleich noch an diesem frühen Sommerabend ein Herz und stelle mich darauf ein, meiner Katze heute die Wahrheit zu sagen.

Noch bevor ich die Haustür ganz aufmache, streicht Hexe mir schon um die Beine. Sie folgt mir durch den Flur ins Esszimmer, setzt sich erwartungsvoll auf den Tisch und wartet, als ob sie wüsste, dass jetzt etwas kommt. Ihr siebter Sinn eben.

Ich fasse allen Mut zusammen, schaue sie an und beginne zu erzählen: »Hexe, wir reisen bald. Wir packen viele unserer Sachen in ein großes Auto, alles andere wird aussortiert, verstaut, verkauft und verschenkt. Und dann verlassen wir das Haus hier. Für ein paar Monate, vielleicht auch für länger. Auf unbestimmte Zeit eben.«

Meine Katze starrt mich an – ich habe keine Ahnung, was sie denkt. Empfindet sie Abenteuerlust oder eher Wehmut, vielleicht sogar Angst? Dass sie mich versteht, daran habe ich – genauso wie Christina – allerdings nicht den geringsten Zweifel.

Unsere Kommunikation war bisher immer einkanalig. Ich spreche mit Hexe, sie hört zu und antwortet dann in Katzensprache.

Ich selber bin ja innerlich ganz gemischt – weiß ich doch noch nicht, was das alles bedeuten soll. »Vorher weiß man's nie,« tröste ich mich.

TAUFE

Pünktlich zum Ende des Trainingstages sehe ich das erste Mal das »große Schiff«, unser zukünftiges Zuhause, die Straße entlangfahren. Jetzt ist es genug – meine Geduld hat ihre Aufgabe ausreichend erfüllt. Als wäre ich über Stunden festgehalten gewesen, laufe ich aus dem Seminarraum auf den Hofplatz vor dem Hotel. Lachend und stolz zugleich sehe ich N. am Steuer des neuen Wohnmobils sitzen, sehe, wie sie auf mich zufährt.

Was für ein besonderer, aufregender Moment.

Alle sind plötzlich da, die Teilnehmer, meine Trainerkollegin für diese Woche und auch die Mitarbeiter der Hotelrezeption, die schon eingeweiht waren. Da stehen wir nun und betrachten mein neues, rollendes Zuhause.

Wir holen Sekt, ich ergreife noch mein neues Buch, welches heute auch mit der Post vom Verlag kam, und dann wird alles zusammen begutachtet, betrachtet, angeschaut und mit Sekt begossen – das neue Buch und die neue Heimat! Doppelte Freude.

Das Ende des Trainingstages verlegen wir alle gemeinsam in das Wohnmobil. Es wird schnell eng, die Teilnehmer dieser Seminarwoche kommen aus aller Herren Länder, und alle wollen dabei sein. Die Männer interessieren sich vorzugsweise für die Technik an Bord – Motor, Pumpen, Dusche etc. N. gibt eine Führung, Badezimmer, Küche und Gepäckraum. Alle berichten von ihren Assoziationen, zwischendrin lese ich etwas aus dem Buch vor, mit einfachen Worten übersetze ich ins Englische, unsere gemeinsame Sprache. Wie einfach es uns allen miteinander gelingt, diese Zeit so intensiv zu erleben. Jeder bringt etwas mit und trägt dazu bei:

»Das ist aber wirklich eng!«

»Aufregend, das möchte ich auch – einfach weg!«

»Wow, so viel Platz für dein Trainingsmaterial!«

»Und wo schläft die Katze?«

»Die Dusche ist doch super.«

»Ich würde am liebsten mitkommen.«

»Kommt ihr bei uns vorbei?«

Ein wunderbarer Abend, der sich in mein Erinnerungsalbum des Lebens tief eingräbt. Mich berührt es, wie leicht es ist, die Menschen so nah in mein Leben zu lassen – da brauche ich nichts vorzumachen. Es entsteht schnell Nähe im Miteinander, was ich mag.

Danach nehmen N. und ich uns einen Moment Zeit. Das Wohnmobil steht mittlerweile an der Straße vor dem Hotel, wir setzen uns daneben und schreiben all die Wünsche auf, die wir uns damit erfüllen möchten. Ein DIN-A-3-Blatt voller Wünsche und Träume. Und dann taufen wir das Wohnmobil auf den Namen Maggy. Maggy – der zweite Vorname meiner Tochter ist Margarete, wie der zweite Vorname meiner Mutter. Und somit wird dieser Name, der die Bedeutung Perle hat, noch einmal weitergeführt. Eine zweite Flasche muss an diesem Tag herhalten, aber der meiste Sekt läuft eh über die Fronthaube.

LOSLASSEN UND WEGGEBEN

Ich löse meinen Haushalt auf, verabschiede mich von zahllosen Dingen. Nicht einfach, aber es hilft mir, Dinge an Menschen zu geben, die ich mag. So habe ich das Gefühl, sie können dort gut weiterleben.

Anderes verkaufe ich mit Freude und Spaß. Dazu gehören mehrere Samstagmorgenflohmärkte in Hannover am Leineufer. Dort kann ich sehen, mit welcher Freude sich Kinder oder auch Erwachsene bestimmte Dinge aus meinem dort auf den ausgeklappten Tapetentischen präsentierten Fundus aussuchen. Dadurch gewinne ich eine Vorstellung, was sie damit machen oder wozu sie dies und das gebrauchen können.

Meinen großen Stofftierhai bekommt ein Kind, welches diesen gar nicht mehr loslassen will. Die vielen Tassen, die sich in vielen Jahren bei mir angesammelt haben, leben jetzt in anderen Küchen weiter.

Besondere Höhepunkte dieses Loslass-Prozesses sind die beiden Hausflohmärkte, die ich veranstalte.

Der erste wird noch recht holprig; ich habe keine Ahnung, wie ich einen solchen Verkauf über drei Etagen und gut sieben Räume managen soll. Beim zweiten ist es einfacher, zumal auch die Zimmer schon leerer sind. Viele Nachbarn sind beim zweiten Mal dabei, sie suchen sich ganz bewusst Dinge aus, und ich kann sie dadurch gut hergeben, auch mein Bett zum Beispiel.

Manches landet auch auf dem Recyclinghof in den Containern oder im Sperrmüll. Anderes gebe ich ins Soziale Kaufhaus. Das hilft Menschen, die sich keine neuen Möbel leisten können oder auch gar keine neuen Möbel haben wollen. Das gibt es ja auch noch – diese wunderbaren Taten, um dem steten Konsumwahn eins auszuwischen.

Immer wieder packt mich eine Versonnenheit, eine Verlangsamung, ein Dahinträumen, wenn mich der Gegenstand, den ich da gerade in den Händen halte, an etwas Bestimmtes erinnert.

Ein ganz besonders schöner Schritt ist die Auswahl der Dinge, die mit ins Wohnmobil kommen sollen. Welche Alltagsgegenstände, welche Erinnerungen, wie z.B. Fotos, können mit und können dort auch so angebracht oder untergebracht werden, dass sie ihre angenehme und wohltuende Wirkung verbreiten können? Was wird eingelagert?

Einlagern – ein großes Stichwort. Da ich noch nicht genau weiß, wie lange ich wirklich unterwegs sein werde, weiß ich auch nicht wirklich, wie ich das mit dem Einlagern der absolut wichtigen Möbel und Dinge machen soll. Bleibe ich drei Monate, ein halbes Jahr oder sogar ein ganzes?

Aber in jedem Fall gilt es zunächst, das Haus freizuräumen, sodass es verkauft werden kann. Wo es danach hingehen soll, weiß ich noch nicht.

Jede Tasse, jeder Brief, jedes Buch, alles nehme ich im Laufe des Ausräumens in die Hände, um es nach unterschiedlichen Kategorien zu sortieren:

- kann auf den Müll
- wird verschenkt
- wird verkauft
- soll mit ins Wohnmobil
- kommt ins Basislager bei N.s Eltern
- wird eingelagert
- wird im Garten in der Feuerschale verbrannt

Immer wieder packt mich eine Versonnenheit, eine Verlangsamung, ein Dahinträumen, wenn mich der Gegenstand, den ich da gerade in den Händen halte, an etwas Bestimmtes erinnert: Kisten voller Liebesbriefe, die Briefe, die ich meiner Mutter von der langen Neuseelandreise schickte, die ersten Schuhe meiner Tochter, das Pixibuch vom Schellenursli, welches mich an meine Stiefmutter erinnert, diverse Muscheln und Steinsammlungen aus den verschiedensten Urlauben, Milchzähne meiner Tochter, ein Schnipsel Gummiband, eine bunte Perlenkette, Spielfiguren, Bernsteinschmuck aus Moskau, ein Topflappen, den meine Tochter voller Geduld für mich gehäkelt hat.

Und so hangele ich mich von Gegenstand zu Gegenstand, von Erinnerung zu Erinnerung.

Will ich die Dinge weiter um mich haben? Werde ich sie vermissen, wenn ich sie einlagere? Brauche ich sie wirklich noch? Manchmal laufen mir die Tränen über die Wangen, so sehr gehen mir die Erinnerungen nach. So viel Leben liegt schon hinter mir, so viel Fülle, so viele Menschen, so viele Erfahrungen, Ereignisse, Eindrücke ... Ich kann gar nicht mehr damit aufhören, die Flut an Erinnerungen um mich herum auszubreiten wie den weiten Stoffumhang eines Mantels. Einen Mantel, wie ich ihn als Kind vor Augen hatte, wenn ich an einen König oder eine Königin dachte. Eingehüllt sitze ich in diesen Erinnerungen.

In diesen Momenten verliere ich das Zeitgefühl. Die Zeit im Jetzt verwebt sich auf undurchsichtige Weise mit der von früher, die Erinnerungen vermischen sich, die eine löst die andere aus. Nur punktuell kann ich sie beeinflussen, sie kommen und gehen, laden sich gegenseitig ein. Die eine berührt mich mehr, die andere betrachte ich fast von außen, wie die Zuschauerin eines Filmes oder Theaterstückes.

Ab und an kommt die Katze vorbeigestrichen und schnuppert an den Dingen, die ich bereits in die Kisten gelegt habe oder die noch ausgebreitet auf der Holzbank liegen. Als wüsste sie, wie besonders diese Stunden sind, schmiegt sie sich an meine Beine.

Noch nie war mir so sehr bewusst, wie stark Gegenstände mit Erinnerungen zusammenhängen. Natürlich, sie sollen erinnern, dazu sammeln wir sie ja auch, dafür kaufen wir ja auch Reiseandenken oder nehmen uns einen Stein vom Strandspaziergang mit. Aber dass sie in Anbetracht eines möglichen Verschwindens aus dem eigenen Leben (z.B. durch Verschenken, Verkaufen oder Wegschmeißen) noch einmal so sehr nach Aufmerksamkeit rufen, das hätte ich nicht gedacht.

Nein, sie rufen ja nicht wirklich. Ich höre ihnen vielmehr zu, während ich sie in die Hände nehme und ihnen meine geballte Aufmerksamkeit schenke. Das hatte ich lange nicht. Es ist schön, diese Erinnerungen zu haben – auch ohne diesen oder jenen Gegenstand. Ich habe ja alles in meinem Kopf, also brauche ich nicht so viel.

Manches hat seine Zeit gehabt und soll nun verbrannt werden, hat ausgedient. Oder ich will es einfach nicht mehr. Mit dreißig wollte ich einige Briefe unbedingt aufbewahren, da hatten sie eine ganz wichtige Funktion. Nun, fast zwanzig Jahre später, dürfen sie getrost in Flammen aufgehen. »Alles hat seine Zeit«, sage ich mir immer wieder. Auch das hier. Ein langer Prozess ist es, dieses Heraussortieren, dieses Mich-frei-Machen von so viel Ballast.

UND NUN? ANNEHMEN DES SCHICKSALS

Aber warum musste ich denn überhaupt packen und aussortieren?

Da hatte es einen Ruck gegeben, eine Veränderung in meinem Leben. Eine Unterbrechung des Alltags. Ein Ruf im Sinne der Heldenreise.

Aber warum rief ich dieses Projekt eigentlich ins Leben? Was war der Anlass?

Mein Haus, das ich einstmals für meine Tochter und mich gekauft hatte, teilte ich später, blauäugig, verliebt und ein wenig eingetrübt durch eine gewisse rosarote Brille, mit einem anderen Menschen und lebte eine kleine Weile mit diesem Menschen zusammen.

Noch Jahre nach der Trennung gab es so etwas wie einen Rosenkrieg, der trotz diverser Friedensangebote kein Ende fand. Das Haus, einstmals ein wunderschöner Heimathafen, wurde zum Spekulationsobjekt. Eine Auszahlung war für mich zum damaligen Zeitpunkt nicht möglich, die Zahlen überstiegen mein Budget und meine Möglichkeiten.

Vor meinem geistigen Auge sah ich es schon: Plötzlich wird das geliebte Haus verkauft, und ich muss raus, vermutlich muss ich dann »schnell« raus und habe noch keinen neuen Platz. Und ein neues Haus konnte ich mir nicht leisten, mein Kapital war noch in dieser jetzigen Immobilie gebunden.

Und mein Herz blutete, denn keine neue Wohnsituation, die ich mir ausmalte, hielt dem Vergleich mit meinem Haus stand, in dem ich das erste Mal in meinem Leben für mehr als 10 Jahre gelebt hatte.

Eine fatale Situation, wie ich damals fand. Ich war traurig, fühlte mich in der Falle sitzend, ungerecht behandelt, als Opfer und bemitleidenswert. Aber ich hatte wirklich keine Idee, wo ich hinwollte. Dort im Ort bleiben, wo ich dann immer am alten Haus vorbeilaufen sollte? Nein, das nicht.

Eine Krise? Das Schicksal, das an die Tür klopft? Eine Chance, ein neuer Schritt?

Menschen, die Herausforderungen und Schwierigkeiten annehmen und sie als Chance für eine Veränderung sehen, diese Menschen wissen, dass solche Herausforderungen zum Leben dazugehören, und sie wissen, dass es normal ist, dass etwas ihr Denken und Fühlen durcheinanderbringt, es sie tiefer als gewöhnlich erschüttert. Sie haben erfahren, dass es sogar gut ist, diese Erschütterung zuzulassen. Anschließend aber wird eine Neusortierung und Neuordnung ihrer eigenen Welt möglich, ihrer Gefühle, Werte, Glaubenssätze und Gedanken.

Die ersten Schritte sind dabei für mich die Akzeptanz und das Eingeständnis, dass ich ratlos bin, dass ich »NOCH keinen Namen habe« für das, was sich da Neues außerhalb meiner Komfortzone befindet. Ich erlaube mir, meine üblichen und normalen Antworten nicht zuzulassen, sondern einen neuen Raum zu öffnen: Ich weiß noch nicht, was kommt. Und gehe weiter, zuversichtlich, vertrauensvoll, Schritt für Schritt.

Die Schritte gehen in den Übergang – in einen unklaren, nicht bekannten Raum. Namenlos – ohne Konturen. Unklar, nicht gezeichnet, neu. Ein neues Ufer, ein neuer Weg.

Und der Schritt in den Übergang scheint mir klar und das Sinnvollste der Welt – denn es gibt keine Antwort auf die Frage nach dem Wohin.

Das komplette Loslassen ist eine Antwort. Und damit eine Einladung, beherzt und zuversichtlich ins Ungewisse zu gehen. Das Schicksal anzunehmen, nimmt mich einerseits ein, andererseits füllt mich allein diese Haltung mit Kraft und Zuversicht aus.

»Wege entstehen im Gehen.« Und dies war ein neuer Weg. Zumindest für mich.

Jammern und Klagen, Opferallüren hingegen machen Menschen unfrei, sie geben anderen die Schuld – oder ehrlicher ausgesprochen die Verantwortung für ihre Situation und ihr Schicksal. Das hätte ich wahrlich tun können – doch es hat und hätte mich nicht weitergebracht.

Stattdessen handelte ich im Rahmen meiner wirklichen Möglichkeiten, vertraute also meiner Selbstwirksamkeit. Das Schicksal annehmen heißt nicht, alles über sich ergehen zu lassen. Ganz im Gegenteil – stattdessen das Steuerrad in den Händen spüren, das Beste aus dem machen, was da ist. Und dazu gehört es auch, die Erschütterung anzunehmen. Nehme ich sie nicht an, kann ich sie auch nicht überwinden. Sie ist der Garant dafür, dass es anders wird, dass es einen Unterschied zum Vorher gibt und dass Routine und übliche Gewohnheiten der Gedanken Reißaus nehmen.

Ich weiß aus eigener Erfahrung, dass diese Erschütterung sehr hilfreich ist, um aus dem gewohnten Muster auszusteigen und das Neue zuzulassen und anzunehmen. Tun wir das nicht, steigen wir allzu schnell in die gewohnten Bahnen von Denken und Handeln.

Damals hatte ich noch keine Vorstellung. Doch wollte ich handeln und einen Weg finden, der zugleich eine Lösung ist.

Denn ich hatte auch viele Verantwortlichkeiten, so zahlte ich weitaus mehr für den monatelangen Leerstand des Hauses als für eine normale Miete, zudem gab es noch andere finanzielle Verbindlichkeiten.

Meine Tochter wurde immer größer, sie zog zu ihrem Vater, und plötzlich stellte ich fest: Ich bin ja frei!

Wow. Und dann suchte ich nach Lösungen, die alles Bisherige ausschlossen. Zurück in die Normalität? Nein, lieber nicht!

Und so einfach ist eine Mietwohnung nicht, denn ich brauche immer auch Arbeitsräume, ein Lager für mein Material, eine Katzenklappe, sodass meine Katze ganz nach ihrem Gusto ein- und ausgehen kann. Und wenn ich ehrlich bin, dann bin ich auch so etwas wie ein Freigeist, ein Licht-, Wasser- und Luftwürmchen, wie mich Freunde nennen. Ich liebe es, draußen im Garten auf der Terrasse zu schlafen, auf dem Rasen zu zelten, Feuer zu machen und so oft und lange wie möglich draußen zu sein.

Meine Sorge war, so einen Ort so schnell nicht wieder zu finden.

Doch ich steckte nicht den Kopf in den Sand, sondern erhob – ganz gegenteilig – den Blick.

Und suchte dort, wo ich noch nie gesucht hatte.

Kennen Sie die Geschichte vom verlorenen Schlüssel?

Eine Geschichte von Nasreddin, einem Mullah, über den viele Geschichten erzählt werden.

Nasreddin hatte beim abendlichen Heimweg seinen Hausschlüssel verloren. Er suchte und suchte und konnte ihn einfach nicht finden.

Seine ausführliche Suche erregte die Aufmerksamkeit seiner Nachbarn, von denen sich einige zu ihm gesellten, um ihm bei der Suche beizustehen. Doch auch ihre Bemühungen waren vergeblich, bis einer von ihnen Nasreddin fragte, wo ungefähr er glaube, den Schlüssel verloren zu haben.

»Ach, das war dort drüben!«, sagte der Mullah mit verblüffender Sicherheit und wies auf einen dunklen Winkel nahe dem Haus.

»Und warum suchen wir dann hier?«, fragten erbost die Nachbarn.

»Weil es hier hell ist«, erwiderte Nasreddin.

So machte ich mich daran, dort zu suchen, wo ich bisher noch nicht gesucht hatte, wo es aber dunkel war. Das war das unbekannte Land.

Für mich besteht das Leben nicht ausschließlich aus Glücksmomenten, und Glück ist meines Erachtens auch nicht der ausschließliche Lebenszweck bzw. -sinn. Vielmehr sehe ich die große Lebenskunst darin, auch – oder sogar gerade – aus den schweren Situationen und Zeiten das Gute herauszuarbeiten.

Ich sehe die große Lebenskunst darin, auch aus den schweren Situationen und Zeiten das Gute herauszuarbeiten.

Ich sehe mich darin durch eigene Erfahrungen und durchlebte Krisenphasen bestätigt, die mich zu der Person gemacht haben, die ich bin. Und ähnlich mag es Ihnen gehen, denn Sie haben Ihre eigenen Erfahrungen gemacht.

Zudem finden wir eine Bestätigung in der Wissenschaft: Viele von Ihnen werden den Film »Matrix« kennen. Der Filmhandlung zugrunde liegt das Gedankenexperiment von Robert Nozick, einem amerikanischen Philosophen, der Mitte der 1970er-Jahre in einem Buch sein gedankliches Experiment veröffentlicht hatte: Er befragte Probanden, ob sie sich an eine Maschine anschließen lassen möchten, die ihnen ausschließlich glückliche und angenehme Gefühle verschaffen würde. Auch wenn es keinen wahrnehmbaren Unterschied zwischen Realität und Experiment geben würde, lehnten die meisten Befragten ab und bevorzugten ein reales Leben voller Aufs und Abs! Letztere scheinen also in der allgemeinen Wahrnehmung ganz natürlich dazuzugehören.

Viele Ratgeber, Seminare, Onlinekurse etc. beschäftigen sich aktuell mit Themen wie Gelassenheit, Entspannung und Stressmanagement. Ich möchte lediglich einen Aspekt herausgreifen, der mir wichtig scheint: Annehmen ist in meinen Augen ein aktiver Prozess, hat nichts mit Abwarten oder Aussitzen zu tun.

Im Akzeptieren und Annehmen liegt so viel Kraftvolles, um dieses pure, unverwechselbare Lebensgefühl zu bekommen.

In dem Augenblick, in dem wir etwas annehmen und akzeptieren, gegen das wir uns vielleicht sogar lange gewehrt haben, bekommen wir Kraft und Macht. Macht über uns und unser Leben. Wir brauchen keine Täuschungen mehr. Wir sehen klar.

Das Nicht-wahrhaben-Wollen und das Sich-Rausreden kostet Energie.

Sie kennen vielleicht diesen Satz »Denk nicht an einen rosa Elefanten«? Er soll Folgendes verdeutlichen: Wenn wir uns einen rosa Elefanten vorstellen, dann stellen wir uns erst einen Elefanten vor, den machen wir uns dann »irgendwie« rosa, um uns dann anschließend diesen Elefanten wegzudenken. Anstatt dass er verschwindet, taucht er immer wieder auf. Und wir denken ihn dann absichtlich weg. Doch er taucht irgendwie immer wieder auf.

Ähnlich ist es mit den Situationen, die wir nicht wahrhaben wollen.

Aber: Auch wenn etwas unlösbar erscheint, gibt es immer eine Lösung. Vielleicht erkennen wir die Lösung einfach nur noch nicht. Und manchmal ist es eben Akzeptanz.

Denn eine der häufigsten Ursachen für Glücksgefühle, für Freude, Zuversicht, aber auch Krisen ist das Fragen nach dem Sinn des Lebens.

Die Frage nach dem Sinn des Lebens ist quasi angeboren. Auch unser Gehirn beschäftigt sich konsequent mit der Sinnsuche.

Was gibt es alles zu akzeptieren, wenn wir an das Leben denken?

So viel Gutes und Schönes, was wir erleben: Eingebunden in Familien und andere soziale Systeme, die uns Halt geben, von denen wir ein Teil sind.

Wir leben im Frieden, in einer gewissen Form von Wohlstand, wir können reisen, haben Freizeit, können so vieles machen, was uns guttut und gefällt.

Kennen Sie das auch, wenn Sie vor Glück oder Freude weinen?

Manchmal ist es gar nicht so leicht, einfach zu akzeptieren, dass man glücklich ist, dass man den besten Partner der Welt hat oder anderes mehr, was uns guttut.

Neben all den Situationen und Ereignissen des Alltags, die viele Menschen als gut oder schön bewerten, gibt es aber auch noch Herausforderungen, wie z.B. noch nicht gelöste Probleme oder Situationen, die wir noch als schwer oder unlösbar wahrnehmen und bewerten.

Wenn wir eine Situation erleben, von der wir denken, dass wir nicht ausweichen können, wie eine Trennung, der Tod eines nahestehenden Menschen oder eine beunruhigende Diagnose, dann durchlaufen Menschen oft folgende Phasen. Ich kenne sie aus der Arbeit mit sterbenden Menschen, und im Ursprung stammen die Definitionen dieser Phasen von Elisabeth Kübler-Ross, einer bedeutenden Psychiaterin und Sterbeforscherin.

1. **Nicht-wahrhaben-Wollen.** Verdrängung und Hoffnung mischen sich mit dem Wunsch nach Klarheit, Genauigkeit und Transparenz. Im Tenor jedoch möchten Menschen die neue Situation nicht annehmen. Sie wollen es noch nicht wahrhaben.

2. **Zorn und Auflehnung.** Sie sind der Aufgabe noch nicht gewachsen und lehnen sich dagegen auf. Aggressivität, Zorn und Trotz sind übliche Mittel, sich gegen das Schicksal zu wehren.
3. **Verhandlung mit dem Schicksal.** Nun möchten sie verhandeln, noch einmal einen Versuch starten, Pläne schmieden. Es ist ein Versuch, mit der Situation zurechtzukommen.
4. **Depression.** Oder auch Resignation, Zeit zu trauern, der Enttäuschung oder Ähnlichem Raum zu geben. Die Menschen wissen, dass sie Abschied zu nehmen haben. Von Ideen, Glaubenssätzen, Menschen, Lebensentwürfen, Besitz, Gewohnheiten. Leben.
5. **Innere Ruhe.** Nach der schrittweisen Akzeptanz entsteht eine innere Ruhe, die Menschen wissen, woran sie sind. Die Angst weicht der Weisheit und Klarheit, sie sind handlungsfähig. Die Wahrheit wird akzeptiert.

Dieses Modell kann für viele Menschen eine Art roter Faden sein, an dem sie sich orientieren können, wenn etwas in ihr Leben kommt, von dem sie denken, dass sie ihm nicht ausweichen können.

Hier wird auch wieder deutlich, dass die innere Einstellung entscheidend ist, wie Menschen Ereignisse beurteilen. Und welche Möglichkeiten sie dann zum Handeln sehen.

Wie kann es gelingen, etwas anzunehmen?

Wie erkennen wir, ob wir etwas ändern können, oder ob es darum geht, etwas zu akzeptieren, um dann die weiteren Schritte zu gehen, die wir gehen wollen?

Das ist eine alte Frage, wie folgendes Gebet zeigt.

»Gott, gib mir die Gelassenheit, Dinge hinzunehmen, die ich nicht ändern kann, den Mut, Dinge zu ändern, die ich ändern kann, und die Weisheit, das eine vom anderen zu unterscheiden.«

Das Akzeptieren einer Situation oder eines Ereignisses gelingt, indem wir uns dem, was wir als Tatsache betrachten, schrittweise nähern.

Und es gehört dazu, zu erkennen, dass wir uns fortwährend unsere eigene Realität schaffen. Das wissen Sie.

Wir schaffen uns fortwährend unsere eigene Realität.

Jeder hat seine Landkarte der Welt. Aber nicht jeder hat seinen Weg darauf klar gezeichnet. Viele der Umwege sind sichtbar geworden. Wenn Sie die Karte neu ausbreiten, neue Wege suchen, ist das Terrain bekannter und Ihr Rucksack leichter.

Einer der wichtigsten Schritte hin zum Akzeptieren und Annehmen ist, sich selber frei von einer Wertung unbeteiligt zu beobachten. Also einfach nur wahrzunehmen, was ist. Und das, was wir über uns wahrnehmen, anzunehmen.

Beobachten Sie einfach. Und dann schauen Sie weiter. Sie haben die Möglichkeit, sich all das anzuschauen und es dann bewusst anzunehmen.

Manches Mal spreche ich auch vom Durchschreiten. Wenn ich etwas Schweres erlebe, dann kann ich es nicht gleich mit voller Wucht akzeptieren, ich kann es aber schrittweise tun, als durchschritt ich es. Tag für Tag, Nacht für Nacht setze ich mich damit auseinander – immer sind die Portionen gerade so groß, wie ich sie bewältigen und in mir zulassen kann. Nicht bewertend versuche ich erst einmal zu verstehen und zu ahnen, was es eigentlich ist und was es für mich bedeutet. Ich weiß mittlerweile sehr gut, dass ein Sich-dagegen-Auflehnen nicht lohnt, das Annehmen bringt mir viel mehr Kraft, denn ich mache mir nichts vor, belüge mich nicht selber, um dann später womöglich enttäuscht zu sein. Kämpfen, wenn es notwendig sein sollte, kann ich dennoch.

Eine großartige Möglichkeit, unnötigen Ballast nicht mehr länger mit sich herumzutragen, ist es, sich von Gedanken, Interpretationen und Erinnerungen zu befreien, die belastend sind.

Einer der wertvollsten und einfachsten Wege dahin, ist zu erkennen, was das Gute an einer Situation ist. Dabei helfen Fragen wie:

- Wozu ist das gut?
- Was darf ich hier lernen?
- Was habe ich davon?

Sie helfen allesamt, eine – vorerst als schwierig bezeichnete Situation – eher anzunehmen und sich mit ihr auszusöhnen.

Die Frage nach der guten Absicht jedoch hilft mir seit Langem, auch wenn ich die Antwort nicht immer gleich habe, so vertraue ich jedoch darauf, dass sie sich einstellt.

Vielleicht mögen Sie es ausprobieren und sich diese Fragen in herausfordernden Situationen stellen. Womöglich entdecken Sie auch, wie sich Ihnen plötzlich mehr Verantwortung, mehr Macht und damit auch mehr Möglichkeiten erschließen.

Mit diesen Fragen im Gepäck können wir besser annehmen und akzeptieren.

Denn in allem, was ist und war, liegen Botschaften, die wir immer wieder ganz unterschiedlich interpretieren und beurteilen können.

Es gibt Menschen, die denken, dass nichts, was ihnen widerfährt, umsonst war, dass alles eine Bedeutung hat und einen Sinn ergibt. Auch wenn sie diesen vielleicht erst Jahre später erkennen.

Ein Nein blockiert in diesem Fall – ein Ja öffnet die eigenen Türen. Solange wir uns, unsere geschaffene Wirklichkeit und unseren bisherigen Lebensweg ablehnen, verstärken wir weiterhin das Unangenehme darin und verbrauchen dafür sogar jede Menge kostbare Energie. Wir nutzen die Energie, um zu blockieren, statt in den Fluss zu kommen. Das ist sinnlos. Das Beobachten des eigenen Verhaltens, der eigenen Bewertungen, der Gefühle und Gedanken, die entstehen und hochkommen, aus einer inneren Distanz heraus, verschafft Abstand, Klarheit und Weite beim Betrachten. Schrittweise können wir dann häufiger Ja zu uns sagen. Seien Sie neugierig auf Ihre Reaktionen und was Sie entdecken: »Oh, interessant, schau einmal an, wie ich das bisher gemacht habe.«

Annehmen und Akzeptieren ist eine der allergrößten Kraftquellen für ein intensives, pures Leben.

Es gibt eine Menge Menschen, denen gelingt es leicht, Situationen im Leben hinzunehmen. Sie verfügen über eine ausgeprägte Resilienz. Eine ihrer besonderen Haltungen und Einstellungen ist die Akzeptanz und das Annehmenkönnen.

Menschen mit Resilienz nehmen vieles hin: Unglück, Enttäuschung und Widrigkeiten sehen sie als unvermeidliche Teile des Lebens. Sie gehören dazu wie das Salz in der Suppe. Ohne dieses Salz schmeckt die Suppe eben nicht. In der Gabe der Akzeptanz steckt das Annehmen dessen, was jetzt da ist. Menschen, die Akzeptanz als Gabe haben, sehen sogar einen Nutzen in der Mehrdeutigkeit und Vielschichtigkeit von Situationen oder Ereignissen, selbst scheinbare Widersprüche werden von ihnen akzeptiert. Es gelingt ihnen, obwohl sie nicht sofort eine Erklärung oder Bewertung parat haben, warum das nun gut oder falsch sei.

Menschen mit einer ausgeprägten Resilienz lassen sich nicht so leicht von Schicksalsschlägen berühren.

Sie erkennen an, dass Krisen und Schwierigkeiten zum Leben gehören; dass es normal ist, dass etwas ihr Denken und Fühlen durcheinanderbringt, es tiefer als gewöhnlich erschüttert. Sie haben erfahren, dass es nicht gut ist, diese Erschütterung nicht zuzulassen, denn sonst fehlt ihnen die anschließend notwendige Neusortierung und Neuordnung ihrer eigenen Welt, ihrer Gefühle, Werte, Glaubenssätze und Gedanken.

Es kann sein, dass Menschen diese Erschütterung von sich fernhalten, doch dann verhindern sie womöglich das Annehmen der Situation, eine Realisierung und Verarbeitung des Geschehenen, sowie ihre individuelle Anpassung an die veränderte Situation. Das kann eine anschließende Integration dieser Erfahrung ins eigene Leben erschweren. Im Umgang mit anderen Menschen zeigt sich die Akzeptanz auch darin, dass wir sie gewähren lassen. Die Gefühle, Gedanken und Reaktionen anderer sind deren Sache.

Und natürlich wissen auch Sie, dass wir andere Menschen nicht ändern können, aber wir können lernen, sie in ihrem jeweiligen Verhalten zu akzeptieren, und uns an der Vielfalt der Menschen und ihrer Modelle der Welt erfreuen. Sie sehen, zu welcher reifen Sicht und Gelassenheit Menschen gelangen können, die es geschafft haben, eigene Projektionen wegzulassen, um klarer zu sehen.

Annehmen und Akzeptieren ist eine der allergrößten Kraftquellen für ein intensives, pures Leben. Es macht unseren Lebensweg zu unserem.

DER WUNSCH NACH LEICHTIGKEIT

Ich werde nachdenklich.

Früher gingen die Menschen zu Fuß, dann nutzten sie Pferde, später Kutschen. Dann kam das Auto, und auch hier wird es demnächst so sein, dass wir uns einfach hineinsetzen und es von alleine fährt. Apps ermöglichen neuerdings das Regulieren von Licht und Heizung, während wir nicht zu Hause sind. Die Kleidung der Zukunft wird womöglich Diagnosen erstellen, so wie eine Apple Watch die entsprechenden Vitalzeichen eines Infarktrisikos erkennen kann. Der Mensch strebt nach Vereinfachung.

Neben der Erleichterung des Lebens durch die Technik suchen die Menschen auch nach einer Verbesserung ihrer psychischen Situation. Konzepte wie die positive Psychologie (als wenn die andere Psychologie negativ wäre) und andere Selbstcoaching-Konzepte sind vielerorts präsent. Es gibt Apps für Yogaeinheiten und Meditationsmusik vor dem Einschlafen und dazu Parolen wie »Nimm das Leben leicht«, »Verwirkliche Deinen Traum« etc. Den Gedanken, einen proaktiven Lebensstil zu pflegen, kann ich sehr gut nachvollziehen und halte ihn auch für sinnvoll.

Doch sehe ich immer wieder die Gefahr, es sich schönzureden. Und wenn sie es sich nicht schönreden, dann reden sie es sich leicht. Leicht muss es sein. Positiv sein ist angesagt – bloß kein Pessimist sein. »Zähl die Bohnen des Tages – die glücklichen Momente«, heißt es bei der positiven Haltung. Ja, das ist auch in meinen Augen sinnvoll: innezuhalten, ganz besonders in den guten, feinen, besonderen Momenten, sie auch als solche zu würdigen und sich z.B. den warmen Kieselstein, der in der Sonne lag, in die Hand zu legen und seine Wärme zu spüren. Aber das heißt nicht, sich alles schönzureden. Das nämlich macht schlapp, dabei erschlafft ein Teil der eigenen Muskulatur. Dann wird der »Dranbleibe-Muskel« nicht mehr trainiert.

Aufschieben, verdrängen ist keine Lösung, denn das Thema darunter taucht wieder auf.

Nehmen wir die schweren Momente, Phasen und Zeiten im Leben nicht an, verlernen wir, sie auszuhalten und zu durchlaufen. Unser Leben stellt uns immer wieder auf die Probe und es gilt, auf dem Lebensweg auch Prüfungen zu bestehen und über Hürden zu gehen. Wir müssen Probleme nicht mit der Angel herbeifischen, doch sie nicht anzugehen, ist auch keine Lösung.

»Aus einer nicht beachteten Katze wird ein Tiger«, sagt C. G. Jung. Aufschieben, verdrängen ist keine Lösung, denn das Thema darunter taucht wieder auf. Ganz verständlich, denn es will beachtet werden.

Wir erfahren unsere innere und äußere Kraft viel mehr, wenn es uns auch gelingt, Schweres nicht zu vermeiden, sondern es anzunehmen. Es gilt, sich darin zu üben, es anzunehmen, zu akzeptieren und darin oder damit zu wachsen.

Erleben wir eine Prüfung oder eine schwere Zeit, einen Schicksalsschlag, dann fragen sich viele Menschen: »Warum gerade ich?« Sie fühlen sich als Opfer. Das macht sie hilflos, eine Veränderung scheint außerhalb ihrer eigenen Person zu liegen, womöglich denken sie, andere Menschen seien dafür zuständig.

Die Fragen »Was habe ich davon?« oder »Was kann ich dadurch lernen, erfahren?« beziehen sich auf die eigene Verantwortung, auf die eigenen Möglichkeiten, aus z.B. einem Schicksalsschlag etwas zu lernen. So können wir ihn eher annehmen und akzeptieren. Es sich allzu leichtzumachen, kann verhindern, dass diese innere Kraft trainiert wird. Ähnlich wie im körperlichen Training braucht das mentale Training auch Übung. Und ja, tatsächlich kommen mir frühere Jahre leichter vor – auch wenn ich in diesen Jahren weitaus anders gearbeitet habe. Da gab es zwei Wochen am Stück, zwölf Tage hintereinander, inklusive Wochenende mit jeweils zehn Stunden am Tag.

Aber die Tage damals zogen sich wie Perlen an einer Kette dahin – ganz im Gegenteil zu diesem Jahr. Denn hier ist fast jede Stunde anders – einzigartig, *unique*. Die Zeit hat eine andere Bedeutung bekommen. Kairos vs. Chronos.

Schwere Momente anzunehmen, wie habe ich das getan?

Was waren die schweren Momente, in denen es dann gelang, einen Moment von Freude oder Glück zu spüren?

Eine lange Nachtfahrt, die Müdigkeit nimmt überhand. Die Lösung: Gespräche führen, die sonst keinen Platz hatten. Singen. Als Beifahrerin dösen. Dankbar sein, zusammen Zeit zu haben. Über Deutschland nachdenken, während ich an den Autobahnabfahrten vorüberfahre. Erinnerungen nachhängen, sie erzählen oder für sich behalten. In den Flow der Nachtfahrt kommen.

Ein ungemütlicher, dunkler Platz, der spät zum Übernachten gefunden wurde. Die Lösung: Dankbarkeit, dass wir einen Platz haben. Noch einmal weiterfahren. In Minutenschnelle Gemütlichkeit schaffen. Eine Geschichte erzählen oder vorlesen. Schnell ins Bett gehen und einschlafen. Noch einmal nach draußen setzen und einen Wein trinken, die Atmosphäre wahrnehmen, Besonderheiten oder Interessantes darin finden. Sterne am Himmel betrachten. Die Natur um mich herum wahrnehmen.

Spät ankommen, ein ungemütlicher Platz, prasselnder Regen, Kälte, Dunkelheit, das Wissen, am kommenden Morgen früh (5.30 Uhr) gleich weiterfahren zu müssen. Die Gasflasche ist leer, im Moment also kein warmes Wasser und keine Kochmöglichkeit. Die Lösung: N., deren Aufgabe es ist, die Gasflasche zu wechseln, wird bereits im Vorhinein bedankt, meine Vorfreude auf eine warme Dusche oder einen warmen Tee ist so stark, dass sie sich überwindet. So haben wir heißes Wasser, auch für eine Wärmflasche. Das Wohlbefinden vor Augen. Ich schaffe im Inneren des Wohnmobils sofort Gemütlichkeit, Kerzen anmachen, meist eine kleine Gemüsebrühe kochen.

Noch ein paar Minuten zusammensitzen und den Tag resümieren. Danken. Warme, weiche Wollsocken anziehen und in die weiche blaue Wolldecke einkuscheln. Dankbarkeit für diesen Tag. Zufriedenheit über das Erreichte.

Übernachten auf dem riesigen Parkplatz eines Messegeländes, wie z.B. der Messe in Köln: Mit Humor herangehen, daran denken, dass dies eine Erinnerung wird, die bleibt. Die Vorteile erkennen. Sich nach draußen setzen und den Platz um das Wohnmobil herum beleben, draußen essen. Sich vor Augen halten, wie schlecht es vielen anderen Menschen genau in diesem Moment geht. Musik anmachen und tanzen. Einfach dableiben und sich nicht mehr dagegen wehren, auch nicht in Gedanken.

Er zieht sich durch, der Gedanke des Einfach-Dranbleibens. Die Extrameile laufen, wie manche sagen. Obwohl ich in den letzten Monaten keinen Marathon mehr gelaufen bin, habe ich das Konzept eines Marathonlaufes in mir: Einfach weitermachen. Das Ziel vor Augen haben, auch dann, wenn es noch weit weg ist. Einfach tun und dieses Einfach-Tun nicht in Frage stellen. Nicht bewerten, nicht viel denken, außer Sätzen wie:

»Wer weiß, wozu es gut ist?«

»Auch das geht vorbei.«

Oder wie eine Altenheimbewohnerin, die ich einige Monate betreute, mehrfach täglich sagte: »Lieber Gott, lass Abend werden, Morgen wird es von allein.« Spielen: »Ich sehe was, was du nicht siehst«, »Lieder raten«, ein Quiz über die Erinnerungen dieser Monate.

»Lieber Gott, lass Abend werden, Morgen wird es von allein.«

Ich glaube, dass genau hier einer der großen Schlüssel für diese besonderen Momente voller Freude und Glück liegt. Wenn die Momente ständig leicht erreichbar sind, dann besteht die Gefahr, dass sie inflationär werden, sich in sich selbst verbrauchen.

Genuss und Freude leben auch dadurch, dass Menschen einfache Momente schätzen können, dass sie nicht danach streben, bereits den nächsten größeren Moment von Freude und Glück zu erleben.

Provokant gesagt: Ein Kind, das bereits mit acht Jahren auf den Malediven Urlaub macht und dort die Strände kennenlernt, wird vielleicht Schwierigkeiten bekommen, einen einfachen See als wunderschön erleben zu können. Die kleinen Abenteuer suchen und schätzen lernen.

SOLANGE NOCH ZEIT IST – WANN, WENN NICHT JETZT!

Erlauben Sie mir einen Einschub. Ich möchte Sie an etwas teilhaben lassen, was mein Leben – insbesondere in diesen Monaten – stark beeinflusst hat.

Als junge Erwachsene lernte ich den Beruf der Altenpflegerin. 15 Jahre habe ich alte Menschen begleitet, unterstützt und gepflegt. Alte Menschen, chronisch kranke Menschen und Menschen in der Psychiatrie. Menschen, die 50, 60 und 70 sind, Menschen, die 102 sind. Ehemalige Führungskräfte, Trümmerfrauen, Arbeiterinnen, Menschen, die Konzentrationslager überlebt haben, die sieben Kinder geboren haben, die Gattinnen von Professoren oder selber Professorinnen oder Unternehmerinnen waren. Menschen, die todkrank waren, und auch die »eingebildeten Kranken«. Menschen wie du und ich – nur älter. Und weiser.

Nachts an den Sterbebetten haben mir die Menschen erzählt, was sie anders machen würden, wenn sie noch einmal leben könnten. Wenn es zu spät ist, dann können wir uns manchen Wunsch einfach nicht mehr erfüllen, manche Sehnsucht nicht stillen. Doch jetzt ist es noch früh genug. Und die Entscheidung, zu handeln und ein gutes Leben zu leben, liegt bei uns. Vielleicht ist das die wichtigste Botschaft, die uns die alten Menschen schenken und die uns Jüngeren dabei unterstützen kann, die Grundpfeiler eines guten, eines puren Lebens zu bauen

Und die Entscheidung, zu handeln und ein gutes Leben zu leben, liegt bei uns.

und danach zu leben. Daneben sind es Gedanken und Erkenntnisse, wie:

- Frieden in sich und der eigenen Umgebung herstellen,
- den eigenen Weg gehen und sich nicht nach den Vorstellungen der anderen, wie etwa der Eltern, richten,
- mehr Wildheit, mehr Unvernunft wagen,
- statt ständig vernünftig sein, sich der puren Lebensfreude hingeben,
- das tun, was einem wichtig ist: den Hunger stillen statt die Form wahren,
- die Menschen lieben, unabhängig vom Geschlecht,
- weniger Lüge, dafür mehr Lebendigkeit, mehr Gefühle,
- weniger Scham, dafür mehr Lachen und Freude, mehr Freiheit,
- ein Leben in Einklang mit Arbeit, die Sinn stiftet, und Freizeit, die glücklich macht,
- mehr Freunde,
- mehr Liebe.

Daran erinnerte ich mich wieder.

Und so begann ich, neue Lösungen für meine Situation zu finden.

Ich machte Tabula rasa und prüfte mich selber auf Herz und Nieren.

Um Antworten zu bekommen, müssen wir uns Fragen stellen. Fragen helfen auf dem Weg zur Klarheit und Lösung, sie bringen uns auf neue Ideen.

Und diese hatte ich dann – sie deckten sich mit meiner uralten Reiselust und meiner Freude am Abenteuer und dem Mut, der mehr und mehr in mir wächst, diese Abenteuer auch zu erleben – ohne vor dem Alltag zu flüchten. Denn so wie viele andere lebe ich eingebettet in ein Netz aus Menschen, die zu mir gehören, und auch aus Verantwortlichkeiten.

Zwischen dem Ausharren im Moment und dem ganz großen Aufbruch, wie es für mein Verständnis zum Beispiel eine große Reise ist, liegt noch etwas. Und da genau fand ich die Lösung.

Ein Aufbruch zu einem neuen Ufer, zu etwas noch nie Dagewesenem: ein Leben im Wohnmobil. Mit wenig unterwegs zu sein, um viel zu erleben.

Das schien mir DIE LÖSUNG zu sein. Alles dabei, herumstromernd, vagabundierend, neben den vielfältigen Arbeitsprojekten immer wieder etwas Neues und eine Prise Abenteuer. Und dabei nichts kaputt machend, im Übergang lebend, treu für das, was Bestand hat, und offen für neue Lösungen,

Und mit Katze! Denn die kommt mit.

Geht denn das?

DAS GEHT NICHT! DOCH, DAS GEHT!

Eine Katze braucht ein festes Zuhause und ein Revier. So dachte ich zumindest früher. Alle Menschen rieten mir davon ab, meine geliebte Katze, die den Namen Hexe hat, mitzunehmen.

Ja, ich hatte selber überlegt, sie im Haus zu lassen, die freundliche Nachbarin zu bitten, sie zu versorgen.

Doch mal ganz ehrlich: Das konnte ich mir nicht wirklich vorstellen. Die Katze und ich haben eine sehr tiefe Verbindung – und so kam sie mit. Und bereits nach kurzer Zeit stieg sie fröhlich mit ein und aus. Ganz so einfach war es natürlich nicht, denn ich hatte schon genau zu schauen, dass sie erst dann raus konnte, wenn wir auch wirklich dort vor Ort blieben, also übernachteten.

Aber dann jagte sie, wie schon immer, Mäuse und genoss ihre kleinen Steifzüge durch die nahe Umgebung.

Sie belehrte mich also eines Besseren.

Und wenn Sie sich jetzt wundern, dass zwei Frauen zusammen unterwegs sind – dann wundern Sie sich bitte. In diesem Jahr habe ich selber gelernt, meine bisherigen Vorstellungen von »was geht« und »was nicht« komplett über Bord zu werfen.

Die Macht der eigenen Gedanken – sie erschaffen unsere Wirklichkeit. Sie geben uns auch Klarheit darüber, was geht und was eben nicht geht.

Wir sind Freundinnen und haben diese Epoche unseres Lebens geteilt. Diese Zeit wollte ich nicht alleine erleben, so hatte ich auch Angst vor Überfällen oder anderen Pannen und Ereignissen. Und ich wusste von anderen spektakulären Reisen, dass ich die Tageseindrücke sehr gerne teile. Buber sagt: »Der Mensch wird am Du zum Ich.«

»Geht nicht – gibt es nicht« galt für vieles:

- am Frankfurter Flughafen zu übernachten (und auch zu schlafen),
- den Hausstand aufzulösen,
- abends noch nicht zu wissen, wo wir die Nacht schlafen werden,

- mit einem so leicht gebauten Wohnmobil ohne Doppelboden und ohne beheizten Abwassertank im Winter in Deutschland zu bleiben.

Die Macht der eigenen Gedanken – sie erschaffen unsere Wirklichkeit. Sie geben uns auch Klarheit darüber, was geht und was eben nicht geht.

Wahrscheinlich haben Sie das schon vielfach gehört: Wir kreieren unsere eigene Wirklichkeit. So wie wir die Welt sehen, erlebt sie kein zweiter. Das klingt doch überraschend, denn den Tisch, auf dem mein Laptop gerade steht, würden Sie sicher auch als solchen sehen, wenn Sie jetzt bei einer Tasse Tee hier mit mir sitzen würden. Ja, das mag so sein. Ein rotes Auto ist ein rotes Auto. Doch wie rot ist das Rot, das wir sehen, für einen anderen? Oder nehmen wir das berühmte Glas mit dem Wasser. Sie ahnen bestimmt, was jetzt kommt: Für die einen ist es halb leer, für die anderen halb voll. Wie das? Weil wir eben mit unseren eigenen Wahrnehmungsfiltern unsere eigene Wirklichkeit schaffen. Wir erfinden sie. Und denken, dass sie so ist. Und denken, dass andere Menschen die Sache ähnlich sehen. Doch wir nehmen das, was wir Realität nennen, so wahr, als wäre es unsere und auch die allgemeingültige Realität. Aber wir nehmen es niemals so wahr, wie es ist. Weil es eine allgemeingültige Realität nun mal nicht gibt. Niemals können wir alles um uns herum erfassen, wir erfassen lediglich das, was unsere Sinnesorgane erfassen und uns transformiert übertragen können. Einzelne Atome, Moleküle oder bestimmte Schwingungen, wie beispielsweise Energiefelder, nehmen wir nicht wahr – obwohl sie doch bewiesenermaßen da sind. Haben Sie vielleicht einen Hund oder kennen jemanden, der einen besitzt? Vielleicht benutzt dieser Besitzer ja eine Hundepfeife. Die Frequenzen sind für Menschen praktisch nicht zu hören, weil sie so hoch sind. Für einen Hund eine Kleinigkeit, er kann selbst die höchsten Frequenzen hören, die wir überhaupt nicht wahrnehmen. Ein Hund kann auch Hunderte Gerüche voneinander unterscheiden.

Unsere Sinne interpretieren lediglich, was wir an Reizen von außen aufnehmen. Da fällt Licht auf unsere Netzhaut. Doch das Bild, das wir wahrnehmen, baut erst unser Gehirn zusammen. Und das ist übrigens auf dem Kopf, verkehrt herum. Auch das korrigiert unser Gehirn erst im Nachhinein. Diese Beispiele alleine zeigen bereits, dass von der einen, allgemeingültigen Realität gar keine Rede sein kann. Und dass wir überhaupt nur einen kleinen Auszug dessen wahrnehmen, was da draußen wirklich wahrzunehmen ist. So wie bei den Masken, die wir manchmal tragen. Die Schlitze entscheiden dabei, was wir sehen. Alles außerhalb findet für uns nicht statt.

Es ist also immer nur ein kleiner Teil des großen Ganzen, den wir wahrnehmen. Wir erfassen niemals alles, was um uns herum vorhanden ist. Wir hören, sehen, riechen, schmecken und fühlen. Dann gibt es noch den Gleichgewichtssinn. Uns Menschen stehen also nur die Informationen zur Verfügung, die wir über unsere Sinnesorgane erhalten. Dabei erfasst unser Unterbewusstsein wesentlich mehr als unser Bewusstsein. Tatsächlich ist es ein sehr kleiner Bereich, den wir wahrnehmen. Und meistens genau der, den wir auch sehen wollen. Damit sind wir dann schnell im Bereich der sich selbst erfüllenden Prophezeiungen.

Unsere eigenen Filter sind aktiv – sie arbeiten fleißig für uns, und so sortiert unser Gehirn und unser Bewusstsein aus, was uns – gemäß unserer Prägung – zu viel wird oder nicht ins Muster bzw. Programm passt.

Wenn wir die Kollegin nicht mögen, dann mögen wir sie eben nicht. Basta. Auch wenn sie lächelt, uns immer wieder Unterstützungsangebote macht, wenn sie für alle anderen eine der besten Kolleginnen ist. Wir bleiben dabei, denn wir haben ja mithilfe unserer Filter bewertet und sind zu einem Urteil gekommen. Und das ist nun mal so. Punkt. Unerbitterlich halten manche Zeitgenossen an dieser Haltung fest.

Diese Filterfunktion ist per se sinnvoll, denn wir können nicht alle Reize aus der Außenwelt erfassen, dazu sind es zu viele. Wir würden (im negativen Sinne) verrückt, wenn wir tatsächlich alle vorhandenen Reize aus der Umwelt verarbeiten müssten. Auch wenn gerade unser Unterbewusstsein unglaubliche Informationsmengen quasi mit links verarbeitet. Wir Menschen können – hier schwanken die wissenschaftlichen Erkenntnisse ein bisschen – zwischen 40 bis 60 Bits (oder Sinnesreize) pro Sekunde bewusst erfassen, vorausgesetzt, alle Sinne sind aktiv. In der gleichen Sekunde nimmt das menschliche Unterbewusstsein jedoch 11 bis 15 Millionen Bits auf. Was für eine Leistung!

Informationen aus unserer Umgebung, wie zum Beispiel Farben, Töne, Geräusche, Verhaltensweisen von anderen Menschen, müssen ein bestimmtes Ausmaß haben, ehe wir sie überhaupt unterscheiden können. Speziell in herausfordernden Momenten selektiert unser Unterbewusstsein zwischen wesentlich oder nicht. Damit schützt es uns vor Überforderung.

Auch auf bewusster Ebene könnten wir ganz nach dem Motto von Pippi Langstrumpf »Ich mach die Welt, wie sie mir gefällt« unsere Welt gestalten, wie wir wollen. Damit wir uns richtig verstehen: Nicht um auszublenden oder zu verdrängen, sondern um das zu fokussieren, was uns guttut, was uns förderlich ist. Was uns auf dem Weg zu einem guten Leben weiterbringt. Alles andere ist Ballast, den wir abwerfen.

Um mehr Klarheit zu haben, um besser auswählen zu können, was wirklich wesentlich ist, braucht es das Wissen darum, dass wir uns unsere Welten immer wieder selber erschaffen – jede/-r von uns! Der entscheidende Schritt ist, das zu akzeptieren, um einen freieren Blick auf andere Menschen, unsere Beziehungen zu ihnen und zu unseren Lebenssituationen zu gewinnen. Auch die Aufarbeitung der Vergangenheit bekommt mehr Leichtigkeit und Klarheit, wenn wir wissen, dass wir diese Erinnerungen auch konstruieren.

Unsere Wirklichkeit wird also durch unser Denken bestimmt. Und unsere Gedanken wiederum beeinflussen unsere unmittelbaren Emotionen. Im einen Moment geht es uns gut, im nächsten schießt uns ein Gedanke durch den Kopf – bums! stehen die Hormone kopf und wir erstarren vor Angst, wollen fliehen oder rüsten mittels aggressiver Haltung auf. Man nennt das übrigens die »Fight or Flight«-Reaktion (Kämpfen oder Flüchten). Sie stammt aus den Zeiten, als wir blitzschnell angesichts eines Säbelzahntigers entscheiden mussten, ob es sich lohnt, zu kämpfen, oder ob die Flucht in die Höhle die bessere Alternative ist. Für langes Abwägen war da keine Zeit.

Alles, was wir konstruieren, ist die Basis unserer Handlungen. Mit weitreichenden Auswirkungen. Denn diese selbst geschaffene Konstruktion entscheidet am Ende sogar über Krieg oder Frieden, Sympathie oder Antipathie, Erfolg oder Misserfolg eines Vorhabens.

So wusste ich zu Anfang des Wohnmobiljahres, dass es möglich ist und mich bereichern wird.

AN BORD

Was braucht so ein Wohnmobil überhaupt? Da gibt es, was die Ausstattung angeht, ganz verschiedene Versionen. Zu unserer Maggy lässt sich Folgendes sagen: Sie hat ein kleines Bad mit Toilette, Dusche und Waschbecken; dazu eine kleine Küche mit Kühlschrank und Tiefkühlfach. Strom dafür bekommen wir über eine Außensteckdose; andernfalls läuft der Kühlschrank mit Gas. Beim Fahren allerdings wird er über die Batterie des Autos gespeist. Der Herd hingegen läuft immer mit Gas.

Auf sonstigen Strom können wir in der Regel gut einige Tage verzichten, da wir ja Gas haben. Um allerdings die Handys oder iPads® zu laden, müssen wir über den Zigarettenanzünder plus Adapter gehen und manchmal auch kurz den Motor anmachen. Von daher achten wir immer darauf, bei jeder sich bietenden Gelegenheit alle entsprechenden Geräte aufzuladen.

Das Zentrum des Wohnmobils ist die Sitzgruppe, der Tisch mit zwei Sitzbänken. Vier Leute haben dort gut Platz. Zum Arbeiten ziehe ich den Tisch gern aus, sodass ich die Möglichkeit habe, dort auch umfangreichere Projekte zu bearbeiten.

An der Stirnseite des Tisches befindet sich noch eine Extrabank, auf der kann normalerweise auch noch eine Person sitzen. Im Alltag steht auf dieser Bank eine Kiste, auf der wiederum liegt eine Decke. Und auf der wiederum liegt die Katze. Hier kann sie gut hinausgucken, denn genau in ihrer Sichthöhe ist ein Fenster. Und von hier aus kommt sie bequem an die Leiter zum Alkoven, das macht ihr das Hoch- und Runterhüpfen leichter. Und meist schläft sie dort auch.

Weiterhin gibt es – neben dem Alkoven – noch einen Kleiderschrank, zwei Doppelstockbetten, die allerdings mit einem ausgeklügelten Kistensystem vollgestellt sind. Hier können aber gut noch zwei weitere Personen schlafen.

Ziemlich optimal ist die Ausstattung des Wohnmobils mit diversen kleinen Schränken und Fächern, in denen wir allerlei Kram verstaut haben. Die gute Vorsortierung zu Beginn unseres Reiselebens zahlt sich mehr und mehr aus.

Ganz hinten im Wohnmobil gibt es eine Heckgarage, die von beiden Seiten zu öffnen ist. Dort befinden sich die größeren Gegenstände wie Klappstühle und Klapptisch, aber auch mein gesamtes Trainingsequipment, Kisten mit Schuhen und weitere Ausstattungsgegenstände.

Was brauchen wir noch von außen, außer Strom oder Gas? Ja, Wasser natürlich, eines unserer Lebenselixiere. Ohne Wasser geht es nicht. Wir benötigen es für die Dusche, die Wasserhähne und die Toilettenspülung. Es muss jedoch von außen ins Wohnmobil eingefüllt werden, was wir meist mit einer Gießkanne erledigen. Ein Schlauch wäre vielleicht praktischer, hätte aber den Nachteil, dass man ihn nicht überall anschließen kann und dass im Schlauch verbleibendes Wasser zu stinken beginnen oder auslaufen könnte. In eine Gießkanne passen gut zehn Liter, das ist schnell mal organisiert, und mit sechs bis acht Füllungen ist der Tank wieder voll.

Das benutzte Wasser sammelt sich in einem Brauchwassertank, den wir von Zeit zu Zeit entleeren müssen. Er kann mit einem Hebel von außen geöffnet werden, dann läuft das Wasser, z.B. vom Abwaschen oder Duschen, einfach ab. Eine korrekte Entsorgung ist natürlich wichtig, das Wasser gehört wie jedes normale Haushaltsabwasser in den Abwasserkreislauf zurück, um später wieder gereinigt und neu verwertet zu werden. An Stellplätzen gibt es dafür extra Gullys.

Das Komplizierteste ist allerdings die Kunststofftoilette. Der zu entleerende Inhalt kommt in einen Tank, Kassette genannt, der einen Deckel hat und von außen mittels eines Klappfaches entnommen werden kann. Versehen mit einem Zusatzmittel zur Vorkompostierung, wird diese Kassette dann in eine entsprechende Entsorgungsstation, die sich an den meisten Wohnmobilstellplätzen findet, ausgekippt und im Anschluss ausgespült. Aber diese modernen Entsorgungsstationen gibt es nicht immer – auch unscheinbare Bodenlöcher über einem Erdtank und umgenutzte Toiletten auf Campingplätzen lernen wir kennen.

Und zugegeben, es ist nicht gerade appetitlich, die Kassette täglich zu leeren. Aber es gehört einfach dazu. Zu Hause in den Wohnungen und Häusern ist das einfach, da wird dann einfach auf die Spülung gedrückt, und alles geht seinen Weg. Hier nicht. Von daher ist dies eine weitere Schulung: sich des eigenen Verbrauchs von Wasser bewusst zu werden, sich aber auch bewusst zu werden, was wir Menschen hinterlassen. Neben Feinstaub, Abgas und Müll kommen da auch die täglichen Ausscheidungen dazu. Die Selbstverständlichkeit, einfach »mal eben« so loszufahren, ist nicht gegeben.

Das Bewusstsein über all diese vielen kleinen Schritte ist ein Geschenk, denn ich erlebe die Ereignisse des Alltags intensiv. Jeden Tag wieder neu. Es ist eine starke, intensive Schule, nur eine Sache zu einer Zeit zu machen bzw. es zumindest zu versuchen. Denn Fehler, wie herumliegende Gegenstände, ein nicht verschlossener Schrank oder Ähnliches, können fatale Folgen haben. Täglich wuchs also mein Bewusstsein für mein Handeln.

DAS WOHNMOBIL-JAHR IN ZAHLEN

- 108,50 € in nicht funktionierende Wasser- und Stromsäulen und fehlerhafte Entsorgungsstationen investiert
- 1 kaputter Reifen
- 2 abgefahrene Spiegel (innerhalb von 4 Wochen!)
- 1 aus Versehen mitgenommener Einkaufskorb aus einem Supermarkt in der Nähe von Stuttgart

- gefühlt 100 Trommeln Wäsche in Waschsalons, auf Campingplätzen und bei Freunden
- 7 Einladungen zur Badewannenbenutzung
- 174 kostenlose Übernachtungsplätze
- 2 einzelne verlorene Schuhe
- 6 Fährfahrten
- ca. 30 Vorträge, 26 Workshops, 15 Großgruppenworkshops, ca. 70 Trainingstage in 3 Ländern, 30 davon in englischer Sprache, zahlreiche Coachings
- 4 Lieblingsplätze – die ich nicht verraten werde, damit sie das auch bleiben
- ca. 40 000 zurückgelegte Kilometer → ca. 500 Fahrstunden, ca. 3800 Liter Diesel
- 9 Gasflaschen à 11 kg
- 0 Strafzettel (nicht mal wegen zu schnellen Fahrens ;-)))

WENIGER IST MEHR – GELEBTER MINIMALISMUS

Ein Messer, zwei Schneidebretter, Lieblingsbücher, eine Spieluhr, ausgewählte Kleidungsstücke, eine Sorte Duschgel, ein Tisch … So geht die Liste weiter.

Die Dinge, die wir an Bord hatten, waren sinnvoll. Es gab nur ein scharfes Gemüse-/Zwiebel-/Käse-/Brotmesser, und das hatte seinen festen Platz. Vorher hatte ich zwar auch dieses Messer, doch noch acht andere mehr. Von diesen acht Messern waren sieben nicht geeignet, unhandlich oder stumpf. Sicher fragen Sie sich jetzt, wie viele Messer Sie haben und welche Sie tatsächlich auf eine einsame Insel mitnehmen würden?

Die gelebte Reduktion des Materiellen hatte viele, viele Vorteile und verstärkt ein Prinzip, welches ich generell sehr schätze: weniger ist mehr – oder mit wenig viel bewirken. Und mit dem, was da ist, etwas schaffen.

Ein gelebter Minimalismus ist eine Antwort auf ein Zuviel.

Ein gelebter Minimalismus ist eine Antwort auf ein Zuviel. Auf ein Zuviel an Materiellem, an Sorgen, Gedanken, Gewohnheiten, falschen Vorstellungen und Reizen. Ein Zuviel wird zu Unübersichtlichkeit – das Gegenteil von Klarheit.

Diese Unübersichtlichkeit kann verwirrend sein – wie eine Suppe, bei der ich die einzelnen Bestandteile nicht mehr herausschmecken kann.

Auch ein Zuviel von etwas oder allem oder dem dazwischen kann diese Unklarheit verursachen.

Das Sammelsurium an Überflüssigem, was uns außen und innen verstopft und unfrei macht. Überflüssiges an Materiellem und Überflüssiges an Gedanken: Sorgen, Schuldgefühle, Bedenken und Einwände. Kennen Sie vielleicht auch dieses diffuse Gefühl, dieses Wirrwarr im Kopf und im Herzen?

Beim Sonnenuntergang am Strand gibt es wenig: Sonne, Glitzern, Meer, Sand. Und genau das lieben die Menschen, wenn sie es in solchen Momenten erleben.

Die zelebrierte Tasse Kaffee verspricht mehr Genuss als der nebenbei getrunkene »Coffee to go«.

Das Wenige kann ein kleines Paradies sein, zumindest für diesen Augenblick. Holen wir uns dieses Wenige, um viel zu haben. Und oft genug ist es der neue Blick auf das Jetzt, der uns neue Kraft gibt. Ich durfte es in diesem Jahr immer und immer wieder erleben: den Zauber der kleinen Momente – die heilsame Reduktion auf das Wesentliche, kleine Abenteuer jenseits des Mainstreams – statt großer, die vielleicht nicht gelebt werden.

Ein Zuviel an Reizen und Informationen bedeutet auch schnell eine Überforderung. Unser Gehirn ist einfach nicht gemacht für den Dauerstress, der dadurch entsteht, dass wir noch mehr grübeln, bedenken und uns sorgen. Und Dauerstress erhöht die Wahrscheinlichkeit, früher oder später zu erkranken. Wenn wir nicht von selbst darauf kommen, zeigt uns unser Körper eben die Grenzen auf.

Es ist aber nicht nur das Zuviel im Außen, sondern auch das Zuviel im Innen, das vielen Menschen zu schaffen machen kann:

- zu viele Fragen, wie sie das Leben bewältigen sollen – zu wenig klare Vorhaben, wie sie das Wesentliche im Leben für sich entdecken können,
- zu viel Leere, wenn sie nicht mehr wissen, was sie mit sich anfangen können – zu wenig innere Fülle und Wissen um all die vielen Möglichkeiten der persönlichen Weiterentwicklung,
- zu viel Schwere, weil Unerledigtes nicht erledigt wird oder schwelende, kleine Konflikte mit anderen Menschen noch nachgetragen werden – zu wenig Leichtigkeit darin, diese Dinge anzugehen,
- zu viel Lärm im Außen, sodass sie ihre inneren Stimmen nicht mehr hören oder sich selber kein Gehör mehr schenken

können – zu wenig bewusste Phasen von Stille, Ruhe, Einkehr und Frieden,
- zu viel Hunger nach einem puren, einfachen Leben – zu wenig Erfüllung und Sinn, Anerkennung, Liebe und Zugehörigkeit. Und das Gefühl zu wissen, wie sie dahin kommen können,
- zu viel Perfektionismus, mit dem sie sich weiter antreiben, die Dinge noch besser, noch schneller, noch optimierter zu machen – zu wenig des liebevollen Umgangs mit sich selbst und den eigenen Schwächen und Fehlern und des Wissens, sich selber genug zu sein,
- zu viel Aufgeschobenes, das den Titel trägt »Erledige ich später«. Die vielen kleinen Träume: die Radtour im Grünen, das Erlernen der neuen Sprache, der Besuch bei lieben Menschen, die Telefonate mit Freunden von früher – zu wenig des Bewusstseins, dass wir diese Optionen tatsächlich haben.

Von dem einen zu viel – von anderem vielleicht zu wenig. Klarheit kann bedeuten, dies genau für sich unterscheiden zu können. Wenn ich das Überflüssige weglasse, dann kommt etwas zum Vorschein, was uns im Alltag nicht ständig über den Weg läuft. Wir können das, was da ist, besser betrachten. Denn die Aufmerksamkeit, die wir vorher auch auf das Überflüssige verteilt haben, ist jetzt frei, und wir können sie ganz auf das Wesentliche konzentrieren.

Wer sind wir und was bleibt uns, wenn wir uns im Außen verlieren?

Wer sind wir und was bleibt uns, wenn wir uns im Außen verlieren? Oder das Gedankenknäuel im Kopf immer verworrener wird? Oft klammern wir uns an starre Gewohnheiten oder Materielles – ja selbst an den Schein des Äußeren. Doch was wäre, wenn all das wegbräche? Was bliebe dann von uns? Eine wesentliche Frage! Wer oder was sind wir mit wenig oder gar keinem Gepäck?

Es kann dann mehr und mehr das zutage kommen, was und wer wir wirklich sind. Vielleicht ist es das Bild eines ungeschminkten Menschen? Und vielleicht haben Sie bereits jetzt eine erste oder auch schon konkretere Vorstellung dieses Menschen, den Sie da vor Ihrem inneren Auge sehen.

Ich durfte in diesem Jahr so stark wie nie zuvor erleben, dass diese gelebte Reduktion der Schlüssel für ein intensives Lebensgefühl ist. Meine Aufmerksamkeit war sehr im Moment, die Aufgaben des Alltags forderten Konzentration und Fokus, ausgelöst durch fehlende Routinen und neue Anforderungen. Achtsamkeit war immer nötig. Klarheit von Vorteil. Ein einziges Messer, und das liegt immer am selben Platz – wie wohltuend und entlastend. Dieser gelebte Minimalismus ist eine Antwort auf das Zuviel, mehr und mehr Menschen setzen sich aktiv damit auseinander. »Simplify your life«, »Leichtigkeit« oder »Minimalismus« lauten mögliche Auswege aus der Überflussfalle.

Konzentrieren wir uns auf diese Idee des Minimalismus und nehmen sie ein Stück weit als roten Faden in diesem Buch mit. Denn je weniger wir auf der materiellen Ebene besitzen, desto freier sind wir.

Unter Minimalismus verstehen viele Menschen so etwas wie Maximalreduktion auf das absolut Wesentliche – ein Leben mit nur 100 Dingen, die einen umgeben.

Minimalismus steht auch für: Dinge reduzieren, sie teilen, sie reparieren, statt sie wegzuschmeißen und neue zu kaufen. Darin steckt sogar die Chance, neue Formen von Gemeinschaft zu leben.

Für mich gehört hier auch die Minimierung meines CO_2-Abdruckes dazu: das Vermeiden unnötiger Reisewege, die die Umwelt belasten. Und ich halte es beispielsweise auch für wichtig, Plastik weitgehend zu vermeiden. Und generell sensibel wahrzunehmen, was mein Verhalten in unserer Welt bewirkt. So lebe ich meinen Minimalismus ganz praktisch.

Doch zurück zum Trend. Wenn wir den mal gedanklich erweitern, sieht er so aus:

Aktueller Kern des Minimalismus	**... und weiter gedacht ...**
Dinge reduzieren	Überflüssige Gedanken und unnötige Glaubenssätze reduzieren
Dinge teilen	Gemeinschaft und Verbundenheit leben, weniger verbrauchen und anschaffen, mehr teilen
Dinge reparieren	Ereignisse und damit verbundene Erinnerungen, die Sicht darauf »reparieren«, in Ordnung bringen

Meine Beobachtung und Erfahrung dazu: Wer sich mit Minimalismus auseinandersetzt, kommt unweigerlich zu einer Art Purheit. So wie ein Filter Wasser filtert und es reinigt, entsteht auch eine Art Purheit, wenn wir unser Leben »neu« filtern.

Im Minimalismus steckt die große Chance, die einzelnen Aspekte des Lebens und Alltags tiefer und bewusster wahrzunehmen. Das führt uns zu Erfüllung und Zufriedenheit und dem Wunsch, mehr zu erfahren und zu genießen. Die Intensität, das Leben im Jetzt, im Moment wahrzunehmen, steigt.

Minimalismus heißt also auch, nicht materielle Dinge zu reduzieren.

Stellen Sie sich vor, sie reduzieren auch unnötige Sorgen, Probleme, Aufgeschobenes, einschränkende Glaubenssätze oder überflüssige Gewohnheiten? Wie viel freier könnten Sie sein? Wie viel leichter wäre es Ihnen ums Herz?

Kennen Sie Glutamat? Leidenschaftlich gerne esse ich asiatisch. Eine Gemüsepfanne mit rotem Curry, Tofu und Kokosmilch ist eines meiner Leibgerichte. Da schmecke ich das einzelne Gemüse so herrlich heraus.

Doch kenne ich auch asiatische Gerichte, die mit Glutamat angereichert sind.

Glutamate sind Geschmacksverstärker, die in unseren Lebensmitteln teils natürlich vorkommen, teils aber von der Industrie unseren Nahrungsmitteln zugesetzt werden, um ein noch volleres Aroma zu erreichen. Seit Jahren gibt es eine große Debatte, wie schädlich Glutamat für das Nervensystem ist, ob es wirklich zu Übergewicht führt und im Zusammenhang mit dem China-Restaurant-Syndrom steht. Statt diesem wissenschaftlichen Disput nachzugehen, möchte ich Sie einladen, mit mir der Frage nachzugehen, ob denn zugesetzte Geschmacksverstärker überhaupt sein müssen? Und: Sind unsere Nahrungsmittel auch Lebensmittel, also lebendig und lebensnotwendig?

Schnell können wir uns an diesen und andere Zusätze gewöhnen, erleben einen Mangel, wenn er fehlt. Mit anderen Worten: Wir begeben uns in eine Abhängigkeit, ohne diesen Zusatz wird alles Essen fad. Stellen wir uns da den Vergleich zu anderen Lebensbereichen vor:

Ohne Dauermusikbeschallung an allen Orten ist es für manche Menschen langweilig, ohne Vergnügungsparks mit immer neuen Attraktionen sind die Wochenenden öde, ohne immer neue Raffinessen der Haus- und Heimtechnik geht es scheinbar nicht. Mir geht es nicht darum, all das prinzipiell zu kritisieren, zu verdammen, es geht mir um eine Ermutigung, sich dessen bewusst zu werden, um dann selbstbestimmt handeln zu können – und zwar in verschiedenen Situationen unterschiedlich, sodass wir uns und das eigene Leben intensiver spüren können. So kann ich selbst mein asiatisches Gericht kochen, Bistros wählen, die bewusst auf Glutamat verzichten oder die Gerichte mit Glutamat nur im Ausnahmefall essen – ich habe die Wahl. Und ich kann mich täglich fragen: Brauche ich das wirklich? Was genau brauche ich wirklich für ein gutes Lebensgefühl?

Es soll kein Leben mit rosaroter Brille und Beschönigung sein, nach meinem Verständnis sind die Steine auf dem eigenen Weg, die ganz normalen Schwierigkeiten, die wahren Kraftperlen, die uns innerlich wachsen lassen.

Es soll kein Leben mit rosaroter Brille und Beschönigung sein, nach meinem Verständnis sind die Steine auf dem eigenen Weg, die ganz normalen Schwierigkeiten, die wahren Kraftperlen, die uns innerlich wachsen lassen.

Annehmen, was ist, die guten und die nicht so guten Momente, diese sind nach meiner Erfahrung oft die, aus denen wir am meisten lernen. Zumindest erlebe ich es so – immer wieder.

Machen wir uns weniger vor, lautet mein Appell nicht nur nach diesem Jahr.

Die Vorteile von Minimalismus liegen auf der Hand:

Mehr Platz: Weniger Gerümpel und über die Jahre Angesammeltes. Gerümpel zieht Energie, das gilt für das Gerümpel im Außen und im Innen. Weniger Überflüssiges, mehr Klarheit. Die Wohnung oder das Haus sind puristisch eingerichtet, es gibt freie Flächen, die entspannen.

Mehr Ordnung: Ein Zuviel der Dinge ist meist der Auslöser für Unordnung. Wer wenig besitzt, hat schnell aufgeräumt. Wenn alles seinen Platz hat, gewinnen wir Zeit, weil wir nicht suchen müssen.

Für die Alltagsbewältigung im Wohnmobil war es unerlässlich, dass wir wussten, wo die entscheidenden Dinge sind: Ein Verbandskasten muss schnell zur Hand sein, sonst wird Erste Hilfe zur späten Hilfe. Auch auf meiner Radreise über Monate in Neuseeland war es unerlässlich, dass wir exakt wussten, in welcher der zwölf Gepäckstücke (je sechs Packtaschen: zwei vorne, zwei hinten, eine Packsackrolle und eine Lenkertasche je Rad) die Dinge waren. Das Werkzeug musste im Bedarfsfall genauso schnell gefunden werden wie der Müsliriegel bei einer Hungerattacke während einer Bergauffahrt.

Mehr Zeit: Weniger Dinge – weniger Putzen und In-Ordnung-Halten. Vielleicht sogar weniger Arbeitszeit, weil weniger gekauft werden muss. Selbst Freizeitvergnügen können einfach sein, weil intensiv. Weniger Zeit für Entscheidungen: Welches T-Shirt ziehe ich denn heute an? Die stundenlange Suche im Schrank fällt weg.

Mehr Flexibilität: Die Dinge, die es gibt, erfüllen in mehrfacher Hinsicht ihren Zweck. Wer wenig besitzt, kann auch schnell zusammenpacken. Manchmal denke ich, dass manche Paare sich nicht trennen, weil sie gemeinsames Eigentum haben. Sie bleiben zusammen, obwohl sie lieber eigene Wege gehen wollen. Das Eigentum bindet. Ich weiß, dass ich monatelang mit Gepäck, Zelt und dem Rad unterwegs sein kann, ebenso passt alles, was ich für eine Woche Paddeln in der Natur brauche, in ein Boot. Und mit dem Wohnmobil und dem, was darin ist, konnte ich jederzeit überall sein und jeden meiner Arbeitsaufträge ausführen. Jederzeit aufbrechen zu können, ermöglicht Freiheit.

Erhöhte Achtsamkeit: Je weniger Überflüssiges, umso weniger Ablenkung, denn wir können uns dann viel bewusster mit den Dingen oder Ereignissen auseinandersetzen. Sie werden an anderer Stelle lesen, wie sehr ich es genossen habe, immer wieder Bohnen zu essen. Ohne Beilagen – einfach nur Bohnen, denn dabei kam der Geschmack so deutlich zum Vorschein. Ein Tannenzweig mit drei Kugeln zu Weihnachten an der Decke des Wohnmobils ist ein Segen – es reicht, um darauf den Blick zu lenken.

Dankbarkeit: Getreu den Worten von Marc Aurel »Vergiss nicht, man benötigt nur wenig, um ein glückliches Leben zu führen« geben einem die Dinge, die man um sich hat, das Gefühl von Dankbarkeit. Das erste Glas Rotwein ist das beste, da wird uns der Geschmack bewusst, die späteren Gläser lassen oft im Geschmack nach. Eine Lieblingshose ist eine Lieblingshose, sie macht glücklich, denn es wird einem bewusst, warum das die Lieblingshose ist. An meinem blauen Fleecemantel hängen so viele Erinnerungen, die mich dankbar machen. Ausgewählte Besitztümer machen dankbar und glücklich, weil man sich ihrer bewusst ist.

Weniger Ängste: Viele Menschen haben Angst, dass sie ihren Besitz verlieren, sie hängen an ihm und vermischen sogar ihr persönliches Statusgefühl mit dem Umfang ihres Besitzes. Versicherungen sollen die Angst, all das zu verlieren, schmälern. Doch wer in der Lage ist, sich von seinem Besitz zu trennen, hat diese Angst nicht. Und er hat die Erfahrung, dass er jederzeit wieder neu anfangen kann. Und wenn es ganz schlimm kommt: Ein Sofa bei einem Freund gibt es immer! Die wenigsten Menschen jedoch nehmen im wirklichen Verlustfall solche Hilfen an.

Je weniger Überflüssiges, Unnötiges ich brauche, umso unabhängiger bin ich. Wenn ich beispielsweise beim Wandern, auch beim Radwandern und Wasserwandern, alles dabei habe, was in einen Rucksack oder zwei Packtaschen passt, kann ich jederzeit an einem Platz ankommen, sofern er für eine Nacht oder Rast geeignet ist. In den Taschen ist dann das Allernotwendigste, mehr braucht es nicht. Ein wertvoller Gedanke, den regelmäßig aufs eigene Leben zu übertragen sich lohnt. Es muss dann auch nicht viel gepflegt, gewartet und im Auge behalten werden, sondern die Aufmerksamkeit ist frei für vieles andere, wie zum Beispiel: zu leben!

Das mag überheblich oder auch übertrieben klingen, nach diesem Winter im rollenden Haus habe ich jedoch kaum andere Worte dafür.

Das, was da ist, reicht oft genug.

Wie viel Lebenszeit verbringen wir damit, Dinge zu kaufen, die wir später nicht wirklich brauchen und die meist nach kurzer Zeit ihre Attraktivität verloren haben? Und vieles muss umsorgt und gepflegt werden. Was wiederum Lebenszeit kostet. Ganz zu schweigen von der Lebenszeit, das Geld für all diese Dinge zu beschaffen.

Braucht es all das? In diesem Jahr im Wohnmobil brauchten wir in erster Linie Wasser und Sicherheit; und oft reichte beides, um uns eine gute Zeit zu ermöglichen, eine produktive Zeit, eine Zeit, in der ich nicht das Gefühl hatte, »dem Herrgott den Tag zu stehlen«. Aus einfachen Lebensmitteln immer wieder andere Gerichte zu kochen, fröhlich und vertrauensvoll beim Kunden anzukommen und eine gute Arbeit zu tun.

Besitztümer und Gegenstände benötigen Aufmerksamkeit, sie müssen aufbewahrt, gesäubert und entstaubt werden.

Ausmisten und Reduzieren sind unerlässlich: Je freier der Raum und die Umgebung sind, desto eher kann darin etwas stattfinden, von dem wir nicht wussten, dass es möglich ist. Es kann ganz neu – und mit etwas anderem als dem Bisherigen gefüllt werden.

Menschen bekommen mehr Aufmerksamkeit für das, was da ist, und können ein neues Verständnis dafür entwickeln, was für sie wesentlich ist. Die einzelnen Dinge werden sichtbarer.

Wie oft benötigen Menschen ihre Mikrowelle – oder ein anderes, extra angeschafftes Haushaltsgerät – wirklich?

Braucht es die Spezialreibe oder den weiteren Werkzeugkasten?

Die Werbung und unsere Umgebung möchten uns einreden, was wir noch alles brauchen. Und wer nachgibt, sieht sich schnell noch mehr dazukaufen. Womöglich sammelt sich das dann zu Hause an.

Um dieser Fülle gerecht zu werden, kaufen andere Menschen dann neue Regale und neue Aufbewahrungskisten.

Der eine oder andere kennt das: Wenn man schon mal im Möbelhaus ist, kann man auch gleich noch drei Spülbürsten und ein paar neue Teelichter mitnehmen!

Und ich gestehe: Ich bin fast »schuhsüchtig«. Schuhe machen mich glücklich. Ich habe so viele Paare, dass ich nicht genau weiß, wie viele. Und auch im Wohnmobil hatte ich mehr Schuhe mit, als ich wirklich im Alltag benötigte.

Doch habe ich in meinem Leben immer wieder reduziert, minimiert und Klarheit geschaffen. Denn Besitztümer und Gegenstände benötigen Aufmerksamkeit, sie müssen aufbewahrt, gesäubert und entstaubt werden.

Alles, was nicht gebraucht wird, kann weg – das ist eine Sehnsucht und ein Vorhaben von vielen Menschen.

Denn ein Zuviel von Dingen, vor allem von denjenigen, die nicht mehr unbedingt gebraucht werden, kann auch zum Gerümpel werden, einem Sammelsurium unnützer Dinge. Manches ist kaputt, vielleicht hat man Lust, es zu reparieren, doch ein Wegschmeißen und Neukaufen ist heutzutage oft leichter, als es wieder in Ordnung zu bringen. Das eine oder andere war vielleicht sowieso schon immer überflüssig.

Oder man hat es sowieso nie gemocht, es war eben ein Geschenk. Manche Menschen denken dann, dass es nicht wegkann.

Sie stellen es wieder ins Regal, wenn die Gäste kommen, von denen sie dieses Geschenk erhalten haben.

Doch die Dinge, die überflüssig sind, nehmen auch Platz ein. Sie stauben ein, lenken ab und schlucken Energie. Also weg damit – so eröffnen Sie sich eine Welt, in der mehr Platz ist für Klarheit.

EINE PFANNE FÜR ALLES!

Drei Flammen auf dem Herd, ein Topf und eine Pfanne für alles. Der Wohnmobilhersteller hat bei der Ausgestaltung des Herdes mit den drei Flammen schon ein bisschen gemogelt. Denn drei Töpfe habe ich dort nie unterbringen können. Wieso auch. Schon immer koche ich gerne mit Wenigem. Das spart Zeit und ist einfach.

Ich habe es wohl meiner berufstätigen Mutter abgeschaut, wie man auch in einem Topf mal eben etwas »Feines« zaubern kann. In diesem Jahr darf ich das Kochen in einer Pfanne jedoch zur Meisterschaft bringen.

Ein Gemüse zu einer Zeit – mehr nicht. Gelebter Minimalismus, auch beim Kochen. Je weniger um die Bohnen herum ist, umso mehr schmecke ich sie. Grüne Bohnen gibt es oft, ein köstliches Gemüse, dessen Geschmack ohne Soßen und Tamtam drumherum erst recht zum Vorschein kommt. Zu besonderen Anlässen gibt es eine Portion frischer Pfifferlinge dazu.

Das Kochen im Wohnmobil, gerade in den Wintermonaten, wo ich es nicht so einfach nach draußen legen kann, ist aufwendiger als in einer durchschnittlich gebauten Einbauküche. Es gibt nämlich wenig Platz. Also ist es in gewisser Weise aufwendig, viele Schritte müssen überlegt und in eine sinnvolle Reihenfolge gebracht werden.

Und um am Tisch sitzend zu essen, muss dieser vorher freigeräumt werden. Das Büro wird also in den entsprechenden Schränken bzw. auf den umgenutzten Betten im hinteren Teil verstaut. Multitasking geht nicht! Erst das eine, dann das andere.

»Tu eine Sache zu einer Zeit!« Diesen Satz habe ich früher mal in

einem Buch gelesen, hier nun darf ich erleben, welche Bedeutung er hat. Und wie zufriedenstellend das ist.

Um es einfach zu machen und zugleich die Zeit des Kochens zur Entspannung und/oder zum Nachdenken zu nutzen, beginne ich mehr und mehr, die Ein-Topf- oder Ein-Pfannen-Gerichte zu zelebrieren. Dieses Prinzip vereinfacht mein Leben.

Diese einfache Küche liebe ich und führe sie auch nach diesem Jahr weiter.

Dienstagmittag, ein ganzer Tag am Schreibtisch, die Arbeit im Homeoffice (oder Bordoffice) liegt nicht still, ein Telefonat nach dem anderen, Mails, Onlinemeetings und To-do-Listen. Dann ist es plötzlich 13.00 Uhr. »Was koche ich?«, schießt als Gedanke durch den Kopf. Der Blick in den Kühlschrank: zwei Zucchini. Und im Gemüseregal liegen Zwiebeln. Daraus lässt sich mit roten Linsen immer noch eine gesunde Suppe kochen.

Manch anderer muss nun erst losgehen und einkaufen, weil es ja »heute ... XY ... geben soll.« XY ist lecker, das braucht es heute zum Glücklichsein. Oder er geht gleich in ein Restaurant und isst den dort angebotenen Mittagstisch – ist ja auch einfacher. Aber genau hier liegt einer der wesentlichen Unterschiede.

Wenn ich aus dem, was ich »da habe« etwas Feines, Kleines kochen kann, dann gewinne ich Zeit, weil ich jetzt nicht noch extra losfahren muss. Ich bin unabhängig, weil ich dennoch handeln kann. Ich bin nicht abhängig. Und selbst dieser kleine Grad an Unabhängigkeit schafft Freiheit.

Wer schon einmal gefastet hat, der weiß, wie köstlich danach einfachste Speisen sind.

Heißt das in der Konsequenz, dass es mir nicht schmecken muss? Nein, ganz im Gegenteil – die Geschmacksnerven mögen diese Suppe. Sie reicht. Wer schon einmal gefastet hat, der weiß, wie köstlich danach einfachste Speisen sind. Ein Apfel und ein Brot werden zum Fest!

Die Basis: die Idee, dass das reicht. Dass genau dieses Essen heute ausreicht. Für morgen oder übermorgen kann ich mir ja etwas anderes ausdenken, sodass ich dafür dann auch noch einkaufen kann.

Aus dem, was da ist, etwas Gutes machen. Das Beste sogar! Ohne große Optimierung und ohne zig Optionen.

Die beste Suppe der Woche gab es früher, wenn meine Mutter oder Oma alle Reste der letzten Tage zusammenwarf und daraus eine Restesuppe kochte.

Was denken Sie?

DIE HOFFNUNG STIRBT ZULETZT

Nach all den Monaten unterwegs soll der Winter eine kleine Auszeit sein. Eine Unterbrechung des Vagabundierens, des Sich-treiben-Lassens und der Enge an Bord. Der Winter auf diesen kleinen Quadratmetern zerrt an uns. Es kostet Nerven, ist anstrengender und mühsamer als der normale-unnormale Alltag im Wohnmobil.

Wir nennen es Winterquartier. Den Ausdruck mag ich, er erinnert mich an einen Zirkus, der nach einer langen Saison dann im Winterquartier zur Ruhe kommt. So wollen wir es auch halten, deshalb haben wir im Internet ein Apartment direkt an der Elbe gebucht, um dort bis Ende Januar zu bleiben. Es gibt vieles, was wir dort am Stück arbeiten wollen. Und natürlich möchten wir auch unsere Situation überdenken und neue Lösungen finden.

Die letzten Kilometer sind angebrochen und ich spüre meine Vorfreude auf den Luxus der kommenden Wochen: Was freue ich mich auf vier feste Wände um mich herum, auf Platz, auf einen Tisch, auf dem die Dinge mal liegen bleiben können, und vor allem auch auf die Möglichkeit, hin- und herzugehen, ohne dieses »Könntest du bitte mal zur Seite gehen …«, das bereits seit der dritten Woche zu einem Automatismus geworden ist – wenn wir nicht ohnehin sofort aufspringen, wenn die andere vermutlich an einem vorbei will.

Ausschlafen, Wärme, eine Badewanne, so und ähnlich klingen meine Gedanken und inneren Bilder. Doch dann sind wir fast da. Bevor wir jedoch das große Haus betreten wollen, gehen wir erst einmal runter an die Elbe. Wieder so ein mächtiger Strom. Was wird es guttun, hier so oft wie möglich spazieren zu gehen! Das ruhige, starke Treiben des Wassers hat immer wieder eine beruhigende Wirkung auf mich.

Okay, es gefällt uns hier am wilden Elbufer, die Wege zum Spazierengehen sind noch nicht ausgetreten, und die Natur hat eindeutig die Oberhand. N. und ich nicken uns zu und gehen dann zum Haus hoch. Die Vermieterin begrüßt uns freundlich und führt uns dann durch verwirrend anmutende Treppen in ein winziges Apartment – das mit keinem einzigen Bild im Internet abgebildet war. Ein wenig sprachlos und konsterniert nehmen wir den Schlüssel entgegen und sind allein.

Ausschlafen, Wärme, eine Badewanne, so und ähnlich klingen meine Gedanken und inneren Bilder.

Habe ich das eben richtig gesehen? Die leere Bierkiste, die unter dem ausgeklappten Gästesofa steht, vermutlich, um es zu stabilisieren? Und so wie es scheint, soll genau diese Pritsche das offizielle Bett dieser Wohnung sein! Und dann der stockige Geruch, ganz zu schweigen von der absolut mangelhaften Aussicht auf einen Hang, der sich nur gute zwei Meter vom kleinen Fenster entfernt nach oben zieht. Ich staune über die kreative Kompetenz dieser Vermieterin, dieses Winzlingsapartment im Internet so zu beschreiben, dass wir den Eindruck einer lichten und geräumigen Drei-Zimmer-Wohnung hatten.

Wir fassen uns ein Herz, gehen hinunter in das Café, welches sie betreibt, und fragen nach einer anderen Wohnung. Sie gibt uns einen Schlüssel zu einem Riesenreich mit Blick auf die Elbe. Erst sind wir begeistert, doch kurz darauf fällt uns auf, wie verkommen und ungepflegt das alles ist. Und dafür dieser Preis, den sie uns eben unten übers Kuchenbüfett hauchte? Nein, sagen wir wieder einvernehmlich und sind schnell wieder draußen. »Bloß weg hier«, werfen wir uns zu.

Zum Glück lässt sie uns einfach gehen, ohne Stornierungskosten.

Und dann stehen wir da. Was tun? Was machen? Wohin nun in diesem Winter? Und dann wird es auch noch dunkel, gleich ist nichts mehr von der Gegend zu sehen. Ich setze mich zu N. ins Wohnmobil, hier ist auch noch ein wenig Restwärme von der langen Fahrt.

Das Wissen um diesen Platz gab uns Hoffnung und die gab uns Kraft und Zuversicht.

Zerplatzt wie ein Luftballon. Puff, einfach weg.

Enttäuscht – wortwörtlich.

Wir erliegen nicht länger einer Täuschung.

Die Enttäuschung – ein wertvolles Kompositum.

Menschen, die sagen, dass sie enttäuscht sind, implementieren damit oft dem Gegenüber eine gewisse Verantwortung für ihre Enttäuschung.

Aber: WIR haben uns getäuscht. Wir erkennen an, dass wir getäuscht wurden oder wir uns selber getäuscht haben. Wir werden enttäuscht. Ent-täuscht, weil wir nun der Wahrheit näher sind und diese als Entlastung erfahren, endlich! Die Zeit, in der wir uns etwas vormachten, ist zu Ende.

Doch wann wissen wir, ob wir uns getäuscht haben, oder wann machen wir uns etwas vor? Wo hoffen wir vielleicht zu lange?

Viele Menschen suchen heute Lösungen, wie sie aus ihrem Hamsterrad aussteigen können. Eine große Menge an Ratgeber-Büchern, Vorträgen, Selbsterfahrungsreisen etc. gibt es auf dem Markt. Die flexiblen Arbeitszeitmodelle vieler Firmen ermöglichen Auszeiten von mehreren Monaten, Sabbaticals, Retreats etc.

Ich frage mich angesichts solcher Beispiele immer wieder, warum Menschen sich in solche Hamsterräder begeben, in einen Alltagstrott, der sie nicht selten krank macht. Und warum sie sich goldene Käfige schaffen, um dann solche Auszeiten als recht krasses Gegenteil dazu zu suchen.

Ich weiß natürlich, dass sich im Laufe von nur einem halben Jahr vieles ändern kann; man stößt auf einen Facebook-Beitrag, sieht einen bestimmten Film, trifft einen Menschen oder wacht nach einem besonderen Traum morgens anders auf – und manchmal scheint das eigene Leben in den Grundfesten erschüttert. Man hinterfragt über Nacht seine Werte, fragt sich, ob man wohl neben dem roten Faden seines Lebens unterwegs ist, ob man dabei ist, den größten Fehler seines Lebens zu machen, ob man schon zu viele Chancen versäumt hat, ob man nicht ...

Und natürlich gibt es daneben die Veränderungen, die uns von außen anstupsen, denen wir uns stellen müssen, ob wir es wollen oder nicht: Krankheiten, Trennungen, Jobverlust etc. All dies sind Einladungen, sich nach den eigenen Täuschungen zu fragen.

Doch was ist mit denjenigen, die eine latente Unzufriedenheit erleben, die das Gefühl haben, sie müssten, möchten etwas ändern, wissen aber nicht, wie das gehen soll. Die Kinder, der Hauskredit, die gut bezahlte Stelle, Freunde im Ort, all die Entschuldigungen, Erklärungen und Argumente, die schnell zu Ausreden und Ausflüchten werden. Und die dort bleiben, wo sie sind, und hoffen, dass eines Tages alles gut wird? Die hoffen, dass ...

- die Kinder groß sind und sie sich dann um sich selber kümmern können,
- die Beziehung wieder frischen Wind bekommt,
- mit dem neuen Chef alles anders wird.

Und hoffen und hoffen und hoffen. Darüber vergeht die Zeit und es gibt doch nicht die gewünschte Wende.

Das Leben verstehen wir oft erst im Rückblick, in vielen Momenten wissen Menschen nicht, ob sie bleiben sollen oder gehen.

Entscheidend kann die Frage sein, was ich bereuen werde, wenn ich es tue oder auch unterlasse.

Mein Beispiel hat mir gezeigt, dass ein Ausstieg möglich ist. Es ist nicht immer bequem, aber es gibt einem Menschen die Chance, das Steuerrad selber in die Hände zu nehmen.

Und ganz ehrlich – heutzutage ist fast alles möglich.

In Zeiten meiner Kindheit wurde eine Frau noch komisch angeschaut, wenn sie sich hat scheiden lassen – heute ist vieles normal.

Und falls Sie sich Sorgen machen?

- Kinder verkraften einen Umzug und einen Schulwechsel.
- Heutzutage ist es leichter denn je, flexible Arbeitszeitmodelle zu leben.
- Reisen und längere Auszeiten sind noch einfacher als vor zehn Jahren.

Der von mir gewählte Weg steht dafür, im Alltag etwas Spektakuläres zu entdecken. Nicht von der weiten Welt träumen, sondern im Jetzt etwas Neues finden.

Ich lade Sie an dieser Stelle ein, sich im Stillen ganz klar und ehrlich die Frage zu beantworten, ob Sie zufrieden sind mit Ihrem Leben oder (meistens) glücklich!

Sind Sie vielleicht wie der Elefant, der als Jungtier an einem Pflock angebunden wurde und auch als ausgewachsenes Tier gar keinen Versuch (mehr) unternimmt, diesen herauszuziehen, um in Freiheit zu gelangen? Haben Sie sich womöglich arrangiert mit den Umständen, wissend, dass es anderen Menschen schlechter geht als Ihnen?

»Die eigentlichen Entdeckungsreisen bestehen nicht im Kennenlernen neuer Landstriche, sondern darin, etwas mit anderen Augen zu sehen.«

MARCEL PROUST

Sie sind vermutlich einer Meinung mit mir, dass wir oft Herausforderungen und Fragestellungen haben, die in einem verhältnismäßigen Luxus im Vergleich zu vielen Teilen der Erde angesiedelt sind.

Sich mit diesen Fragestellungen beschäftigen zu können, war auch den Generationen vor unseren Eltern oder Großeltern kaum möglich, weil gesellschaftliche Konventionen das nicht zuließen und davor noch ein viel größerer Teil des Tages aufgewandt werden musste, um die existenziellen Bedürfnisse wie Essen, Trinken und Wohnen zu befriedigen. Unseren Vorfahren stellten sich Fragen nach einem glücklichen, selbstbestimmten Leben nicht (in dem Maße), es ging eher ums Überleben.

Wir aber können es jetzt tun.

Meine Mutter hatte einen Zettel an einer kleinen Notiztafel an der Rückseite ihrer Zimmertür kleben. Ich fand ihn erst, als ich ihr Zimmer nach ihrem Tode aufräumte – vorher hatte ich wohl keinen Blick dafür.

»Ich weinte, weil ich keine Schuhe hatte, bis ich einen Mann traf, der keine Füße hatte.«

Dieser Zettel war für mich eine Einladung zu Demut und Dankbarkeit, die ich gerne angenommen habe. Denn wieder einmal wurde mir bewusst, wie gut ich es hatte und habe.

Wenn selbst ein Duschgel auffordert »Sei frech, wild und wunderbar«, dann denke ich doch, dass ich dieses Lebensgefühl durch dieses Duschgel bekomme. So wie junge Mädchen in den USA denken, sie erleben mehr Freude am Sex, wenn sie sich Kapseln mit Glitzer in die Vagina einführen. Das ist kein schlechter Scherz, sondern tatsächlich ein neuer Trend, der sich »Passion Dust« nennt. Der Glitzer soll verschönern und die Vagina nach Süßigkeiten schmecken lassen. Was für ein Wahnsinn! Und schon sind wir bei der Werbung, die uns alles Mögliche einredet, was ein gutes Leben ausmacht.

Da ist zum Beispiel das besondere Mineral- oder Quellwasser, das uns angeblich gesund erhält und für puren Genuss sorgt.

Was dabei nicht erwähnt wird ist, dass es auch in Plastikflaschen abgefüllt und von weit her über die Straßen transportiert wird, um verkauft zu werden. So verschmutzt genau dieses Wasser um einige Ecken herum durch Verpackung und Transport unser Grundwasser. Aber natürlich sorgen noch mehr Faktoren dafür, dass wir kaum noch aus einer Quelle trinken können, die einem Berg oder Wald vor der Haustür entspringt. Verkehrte Welt. Doch wir können ja etwas ändern, um wieder zu einer puren, klaren Welt zu kommen. Jeder in seinem Rahmen, nach seinen Möglichkeiten.

Wie Sie bemerken, sind wir bereits mitten in der Frage, wie es uns gelingt, in dieser aktuellen Welt ein pures Lebensgefühl zu erleben. Klarheit zu erleben. Ehrlich mit sich selbst und anderen zu sein.

Und eine Betrachtungsweise, die über uns hinausgeht. Die alle Menschen mit einschließt. Ganz gleich, wer sie sind und wo sie leben.

Wir brauchen nicht in die Ferne zu schauen, es gibt Lebensgeschichten gleich nebenan, die sich vielleicht so anhören:

»Mein Arzt rät mir seit Monaten, dass ich mehr Sport machen soll.«

»Ja, logisch, Sport ist doch gesund. Bewegung tut immer gut.«

»Im Kopf weiß ich das auch, ich bin ja nicht blöd. Aber wie soll ich das schaffen? Mein Job hat acht Stunden, plus Pausen, plus Fahrzeiten bin ich fast elf Stunden unterwegs. Jetzt in der Urlaubszeit muss ich noch Überstunden machen, von denen ich sowieso nicht weiß, ob ich sie jemals abbummeln kann. Hey, ich bin alleinerziehend mit zwei Kindern – da geht nicht viel. Abends komme ich eh erst spät nach Hause – dann noch zum Sport? Morgens mache ich die beiden für die Schule fertig und abends möchte ich sie auch noch sehen. Da kann ich doch nicht gleich wieder weg. Und hast du eine Ahnung, wie kaputt und müde ich abends bin? Nach solchen Tagen hier im Salon?« (Originalton während eines Friseurbesuches).

Es ist ein Spagat zwischen der Annahme des Schicksals und dessen individueller Ausgestaltung bei der Befriedigung der Sehnsucht nach einem anderen Leben.

Mir ist sehr bewusst, dass ich immer die Chance habe, meine Einstellung zu ändern. Dann kann ich mich auch mit schnöder, anstrengender Fabrikarbeit zufriedengeben und Glücksmomente im Alltag erleben. Es ist ein Spagat zwischen der Annahme des Schicksals und dessen individueller Ausgestaltung bei der Befriedigung der Sehnsucht nach einem anderen Leben. In der Freiheit des Handelns liegt der Schlüssel zur Verwirklichung der besten Version von uns.

Wir allein sind es, die den Dingen in unserer Welt eine Bedeutung geben. Aus Erfahrung weiß ich, vielleicht ebenso wie Sie, dass wir lernen können, unsere typischen Verhaltensmuster zu erkennen, um sie abzulegen und durch ein Verhalten zu ersetzen, das uns weiterbringt.

Die Friseurin aus obiger Geschichte kann ihre Situation ändern, wenn sie ihre Einstellung ändert.

Sie hat viele Möglichkeiten, hier sind ein paar:

- Sie lässt die Kinder einmal oder zweimal die Woche bei deren Freundinnen schlafen oder auch nur den Abend verbringen, sodass sie Sport machen kann.
- Oder sie macht den Sport früh vor dem Wecken der Kinder. (Ich darf das vorschlagen, weil ich es über einen längeren Zeitraum selber so gemacht habe. Da war ich dann früh um sechs Uhr im Wald oder im Sportstudio.)
- Sie nimmt die Kinder mit zum Sport.
- Sie kauft sich einen Crosstrainer (gebraucht) und trainiert darauf im Wohnzimmer, während sie mit den Kindern Zeit verbringt.
- Sie meldet die Kinder im Schwimmverein an und schwimmt in dieser Zeit selber.
- Sie fährt mit dem Rad zur Arbeit und wandert am Wochenende mit ihren Kindern.

Mehrfach bin ich aus dem ausgestiegen, was andere Menschen Hamsterrad oder goldener Käfig nennen. Ich weiß also, wovon ich spreche.

Und dabei bin ich keine Aussteigerin im klassischen Sinn, sondern ein Mensch, der trotz Verlassens der Routine einfach ganz normal weitergearbeitet hat. Und weiterhin Verantwortung übernahm bzw. übernimmt.

Ich weiß also, dass es möglich ist:

- ein Haus zu verkaufen und umzuziehen, trotz eines schulpflichtigen Kindes,
- den Hausstand auf wenige Kisten zu reduzieren und sich von dem Rest zu befreien,
- eine Ehe aufzulösen und dennoch die Elternschaft zu leben,
- ins Offene, ins Ungewisse hineinzuleben,
- den Job zu wechseln, einen neuen Beruf zu erlernen und in diesem neuen Beruf so zu arbeiten, dass man eine Familie ernähren kann,
- Menschen zu lieben statt Geschlechterrollen.

Nur wer nicht am Status quo rückt, ist verrückt.

Nur wer nicht am Status quo rückt, ist verrückt. Aber es geht, wenn man das Neue als ein Spiel nimmt. Wie mit Standbein und Spielbein schafft diese Haltung uns Wahlmöglichkeiten, Optionen und Freiheit zu handeln.

DER ZAUBER DER KLEINEN MOMENTE

Eine Tasse Tee mit Blick auf den Rhein.

Eingemummelt in eine Wolldecke auf dem kleinen Klapphocker sitzend und der Katze zuschauen, wie sie am Waldrand spielt.

Ein morgendlicher Blick aus dem Fenster über den Frühnebel in einer Talsohle.

Ein freundlicher Landwirt, der einen Plausch anbietet.

Ein einsamer Platz am See, nur einmal am Tag kommt ein Angler vorbei.

Der neue Blick auf eine Ortschaft.

Ein Sonnenaufgang über der Elbe.

Eine Partie Schach, auf einer Wiese sitzend.

Das Spiel der Libellen am Ufer des Baches.

Das Picknick mit Freunden.

Ein sicherer Platz.

Eine warme Suppe nach einem Spaziergang.

Der Katze zuschauen und zuhören, wie sie morgens im Bett einen kleinen Napf Milch leer trinkt.

Das sind sie, die kleinen Momente der Freude. Unverhofft und unkompliziert – einfach im Moment entstanden. Der Zauber eines Momentes, manchmal flüchtig, manchmal erst im Nachhinein als solcher erkennbar.

Mein Alltag ist in diesem Jahr sehr intensiv – ich lebe sehr offen, transparent und in anderen Abhängigkeiten als in einer festen Wohnung oder einem festen Haus. Die Nähe zum Wetter, zur Umgebung und zur Natur ist allgegenwärtig. Ist die Tür geöffnet, betrete ich mit einem Schritt die Welt.

Die schönen Momente, die ich erlebe, sind nicht immer als solche geplant. Oft genug gibt es vorher eine Panne oder Schwierigkeit und diese dreht sich dann, sodass z.B. durch die Situationskomik das Schöne wahrhaftig wird.

Dies sind Momente, wo die Uhr des Alltags einfach anhält. Wo ich sie anhalte, um den Moment zu genießen.

Es ist der Zauber des gegenwärtigen Augenblicks. Und selbst den können wir nicht festhalten, er zerrinnt ebenso wie die Zeit. Und doch können wir ihn verstärken und vertiefen, indem wir wahrnehmen, was gerade zu erfahren, wahrzunehmen und zu fühlen ist.

Viele Menschen bezeichnen das als Achtsamkeit.

Für mich ist diese auf den Moment bezogene Achtsamkeit der

Schlüssel, einem Tag mehr Leben zu geben – Sie wissen, ich beziehe mich auf das Zitat von Cicely Saunders: »Es geht nicht darum, dem Leben mehr Tage zu geben, sondern den Tagen mehr Leben.«

In diesem Jahr habe ich fast alle meine bisherigen Routinen verlassen, nichts war mehr so wie vorher – Fluch und Segen zugleich, denn das Verlassen von Routinen wirbelt erst einmal vieles durcheinander. Dadurch konnte ich besser differenzieren, was für mich wertvoll ist und was unwichtig. Fernsehen fiel komplett weg – dafür saß ich oft so lange wie möglich draußen, um die Umgebung wahrzunehmen:

Was ist zu sehen, zu hören, zu riechen und zu spüren? Wie reden die Menschen, wie strömt der Fluss, an dem ich gerade sitze? (Meine Lieblingsflüsse in diesem Jahr waren und sind der Rhein und die Donau.) Wie geht die Sonne unter, wie verändert sich die Temperatur mit beginnendem Herbst, Winter und endlich wieder Frühjahr? Wie lodert das Feuer, das ich zur Wintersonnenwende im tiefen Thüringer Wald anzünde?

Der Alltag im Wohnmobil forderte meine Aufmerksamkeit – Unvorsichtigkeiten und Unaufmerksamkeiten hatten schnell Folgen.

Durch diese vielen Möglichkeiten lernte ich, meine Sinne und Intuition noch mehr zu schulen und auch die Gedanken besser zu fokussieren. Der Alltag im Wohnmobil forderte meine Aufmerksamkeit – Unvorsichtigkeiten und Unaufmerksamkeiten hatten schnell Folgen, wie ein nicht gut verschlossenes Gepäckfach an der Außenseite, aus dem in einer Kurve Dinge herausfallen, zu wenig Frischwasser, ein umgekippter Kaffeetopf auf Schriftstücken …

Mehr und mehr erlernte ich, wacher und konzentrierter im Jetzt zu sein, den gegenwärtigen Moment wahrzunehmen.

Und so purzelte ich in viele intensive Momente, die meine Tage bereicherten. Und aus dem Purzeln wurde recht schnell ein bewusster Prozess, eine Klarheit im Wahrnehmen des Moments und ein sehr bewusstes Handeln und Da-Sein.

So wurde aber auch das Notwendige zum Erlebnis.

Je nach Wasserverbrauch hatten wir alle paar Tage neues Wasser aufzufüllen. Obwohl viele Wohnmobilisten das mit einem Schlauch machen, hielten wir an unserer Gießkanne fest.

Eine Sorge war, dass sich im Schlauch Restwasser sammeln könnte, was dann möglicherweise im Gepäckraum auslaufen könnte.

Und mit der Gießkanne konnten wir auch »mal eben« eine Kanne voll Wasser erbitten oder organisieren.

Das Einfüllen von Wasser wurde mehr und mehr zu einer Art Meditation für mich. Immer schon fühlte ich mich zum Element Wasser hingezogen. Und in diesem Jahr wurde das Wasser so zu etwas Existenziellem, was mir vorher mit einem gut funktionierenden Wasserleitungssystem nicht so bewusst war. Auf vieles konnte ich verzichten – doch ohne Wasser lief nichts. Ich unterbrach einfach das Muster »Wasser holen und einfüllen ist langweilig« und ersetzte es durch »Wasser holen und einfüllen ist eine wichtige Aufgabe, sie verschafft mir Wohlbefinden«. Und so war es dann auch. Mehr und mehr genoss ich es, mit wasserfesten Schuhen und Regenjacke Wasser in die Gießkanne zu füllen, schwelgte mehr und mehr in meinen Erinnerungen an die vielen zufriedenen Stunden als Kind in der Sandkiste und füllte das Wasser ein, bis der Tank wieder voll war. Ein sinnliches Vergnügen – ein wertvoller Moment.

Von außen betrachtet sieht das sicherlich sehr idyllisch aus, ganz im Stile einer Wohnmobil-Werbung. Ein neues Wohnmobil, mitten in der heilen Natur, glückliche Menschen auf Campingstühlen, eine spielende Katze.

Die glücklichen Momente reihen sich unmittelbar an die unglücklichen.

Aber das ist der Blick von außen. Von innen sieht es eben auch so aus wie sonst bei den meisten Menschen, die ich kenne: Die glücklichen Momente reihen sich unmittelbar an die unglücklichen. Manchmal laufen sie parallel, manches Mal gleich hintereinander. Die Kunst der Erkenntnis liegt aufseiten des Betrachters. Sorgen und Nöte haben wir alle – mal mehr, mal weniger. Es kommt darauf an, was wir aus dem Leben machen.

Mehr als sonst wurde mir die Qualität meiner Bewertungen von Situationen bewusst. Ein bedeutsamer Schlüssel für mehr Klarheit.

EIN EINBLICK MIT DEM NAMEN PAUSENGLÜCK

Auf dem Weg legen wir später eine Pause ein – auf einem schönen Platz, wo dieser schöne Bilderbuch-Frühsommertag herrlich zu spüren ist. Ein Feldweg, eine Wiese, eine Möglichkeit, unauffällig zu parken. Für zwei Stunden nur!

Wir lassen die Katze raus, ich setze mich auf den Wiesenstreifen am Wegesrand und schäle Spargel. N. schlummert ein wenig, sie ist in den letzten Stunden sehr viel gefahren. Hexe stromert und fängt Mäuse.

Bald darauf ist der Spargel fertig – wir essen ihn glückselig auf dieser Wiese, inmitten von Gräsern, Mohn, Kornblumen und Mar-

geriten (meiner Lieblingswiesenmischung – schon seit Kindertagen). Die Katze darf die Reste der geschmolzenen Butter auflecken, wir dösen anschließend noch ein paar Minuten, dann pflücke ich noch Blumen, damit ich damit den Seminarraum schmücken kann, in dem heute Abend eine Woche Training startet, und wie selbstverständlich steigen wir alle drei ein.

Zwei Stunden Pause – irgendwo bei Soltau. Die Katze spürt unseren Puls der Reise, als wüsste sie, dass es wieder zu ihrem Lieblingshotel geht. Sie hat zwei Mäuse im Magen, wir den Spargel.

Ich weiß, dass ich diesen Moment nicht vergessen werde. Sein Zauber lag sicher auch in der Einfachheit, der Schlichtheit dieses Sommermoments. Bis unter die Haare bin ich voller Dankbarkeit.

WOLLEN SIE MEHR?

Sie ahnen sicherlich, wie sehr sich in solch einem Jahr meine sinnliche Wahrnehmung verstärkt hat. Dinge und Ereignisse, die ich vorher als Kleinigkeiten abtat oder gar nicht wahrnahm, fielen mir plötzlich viel stärker auf.

Wie Sie in diesem Buch immer wieder lesen, plädiere ich leidenschaftlich dafür, unnütze Worte (»Gerede«), Argumentationen um des Rechthabens willen, Nonsens-Diskussionen, aber auch Klatsch und Tratsch weitgehend zu minimieren oder sein zu lassen. Und ich plädiere dafür, dem Moment, dem Jetzt mehr Aufmerksamkeit zu geben.

Und vielleicht haben Sie – wie als gegenläufige Bewegung – so wie ich Lust, den eigenen Sprachschatz zu erweitern, um neue Beschreibungen für Wahrnehmungen und Stimmungen zu haben. Durch das Buch »Fräulein Smillas Gespür für Schnee« glaubte ich lange, dass die Inuit, die Ureinwohner Grönlands, die meisten Bezeichnungen für Schnee haben. Auch wenn das wohl nicht stimmt, möchte ich dieses Beispiel aufgreifen. Um Schnee zu beschreiben, haben wir auch im Deutschen eine große Vielfalt an Begriffen: Pulverschnee, Neuschnee, Tiefschnee, Schneegestöber, Harsch, Firn, Schneelawine usw. usf.

Und ein anderer Aspekt bewegt mich: Verliert ein Mensch sein Augenlicht, können nach einer entsprechenden Anpassungsphase seine anderen Sinne weit intensiver agieren als bei uns Sehenden. Einen unvollkommenen und doch faszinierenden Eindruck können wir uns beim Besuch eines Dunkelrestaurants machen. Wie viel intensiver muss das Gehör nach einem Trainingsprozess ausgeprägt sein? Wie viel feiner mag der Tastsinn arbeiten, wie viel der Gleichgewichtssinn?

Sie brauchen sich gar nicht auf ein solches Abenteuer einzulassen, viele kleine Veränderungen können Ihren Alltag intensiver machen.

Sie brauchen sich gar nicht auf ein solches Abenteuer einzulassen, viele kleine Veränderungen können Ihren Alltag intensiver machen. Hier sind ein paar Ideen für Sie.

Nutzen Sie jeweils z.B. eine Woche, um einen Sinn besser zu trainieren. Ich beschränke mich hier auf die eher klassisch beschriebenen Sinne Sehen, Hören, Schmecken, Riechen, Fühlen und das Gleichgewicht.

DAS SEHEN

Wenn Sie beispielsweise morgens mit Ihrem Hund »Gassi gehen«, einen Lauf machen oder (mit dem Rad) zur Arbeit fahren, versuchen Sie, sich einige optische Eindrücke so bewusst wie möglich zu machen. Welche Farbe hat die aufgehende Sonne? Welche Form haben die Wolken? Wie glitzert der Tau im Gras? Hat sich die Farbe des Laubs geändert? Blüht die Kastanie an der Ecke schon, und wie sehen ihre Blüten aus?

Haben Sie einige Beispiele für sich gewählt, versuchen Sie nun, die Beschreibungen zu variieren. Aus der rötlichen Sonne wird vielleicht ein Feuerball, ein roter Ballon am Horizont, eine Strahlenkugel in Rotgold usw. Am nächsten Tag können Sie sich anderen Eindrücken zuwenden und das Spiel wiederholen, oder Sie bleiben bei den gewählten Eindrücken und beschreiben sie neu. Hilfreich kann es sein, diese Beschreibungen schriftlich festzuhalten.

DAS HÖREN

In der nächsten Woche wenden Sie sich dem Hören zu. Wenn Sie in einer Stadt leben, werden Sie je nach Tageszeit einen unterschiedlichen Geräuschpegel feststellen, den der Verkehr erzeugt. Bellt ein Hund in der Nachbarschaft? Hören Sie Vogelgezwitscher oder Spatzentschilpen? Wie hat Sie Ihr Partner, Ihre Partnerin heute Morgen angesprochen, mit dem Namen, mit einem Kosewort, wie war dabei die Stimmlage? Haben Sie nachgefragt, warum die Stimme belegt war? Und wenn Sie z.B. einen Hund oder eine Katze haben, achten Sie auf die unterschiedlichen Geräusche, die Ihr Vierbeiner macht, wenn er Sie begrüßt, wenn er Essen haben möchte, wenn er gestreichelt wird.

DAS SCHMECKEN

Wenn Sie sich mit dem Schmecken beschäftigen, kann es ein regelrechtes Abenteuer werden, wenn Sie Ihre Pizza beschreiben, Ihr Brot, Ihren Käse, Ihren Tee, Ihren Kaffee. Verschiedene Apfelsorten. Oft sind uns Bitterstoffe wenig vertraut und auch weniger angenehm, vielleicht testen Sie dazu wieder einmal einen Endiviensalat oder einen Chicorée. Und wenn Sie Lust auf ein Experiment zum Kauen haben, so kauen Sie doch ein Stück Brot einmal viel länger als üblich. Es wird allmählich anders schmecken, aber falls Sie das Experiment noch nicht kennen, verrate ich das Ergebnis an dieser Stelle auch nicht …

DAS RIECHEN

Das Riechen hat ja eine sehr spezielle Rolle, was das Miteinander betrifft. Wenn Sie einen Kollegen »nicht riechen« können, dann hat das nicht nur eine sprichwörtliche Bedeutung. Sie können diesen Menschen ja riechen, Sie mögen den Geruch aber nicht. Vielleicht tasten Sie sich sogar in dieser Woche an so ein Thema heran? Warum kann ich diesen Menschen »nicht riechen«? Riecht er vielleicht nach einem mir unangenehmen Parfüm, Aftershave oder Waschmittel? Ist es womöglich ein Schweißgeruch, der Ihnen unangenehm in die Nase fährt? Oder dieser Mensch ärgert Sie lediglich durch sein Verhalten? Dazu können Sie später noch etwas finden, was – zumindest für mich – augenöffnend war. Und worauf haben Sie dann noch Lust? Auf frisches Brot? Auf den Geruch von Sommerregen? Auf den Duft der Haut eines Babys? Den Duft einer Rose? Oder Sie stehen in der Kasse am Supermarkt und versuchen, den Geruch des Parfüms der Dame vor Ihnen wahrzunehmen.

DAS FÜHLEN

Dabei geht es um die Wahrnehmungsqualitäten wie warm/kalt, spitz/stumpf, Schmerzempfinden, Berührungen auf der Haut u.Ä.

Als Kind bekam ich einmal einen ersehnten Badeanzug meines Schwimmvereins. An dem Tag regnete es jedoch in Strömen, sodass wir keinesfalls ins Freibad gehen konnten. Ich werde nie vergessen, wie ich stattdessen mit meiner Schwester in diesem Badeanzug im Sommerregen auf unserer Straße herumsprang, das Wasser spürte und unendlich glücklich war. Sicherlich haben Sie ähnliche Erinnerungen wie ich.

Wagen wir den Blickwechsel, gestatten, schaffen, gestalten wir uns die vielen einfachen Glücksmomente im Alltag!

Wie wäre es in dieser Woche mit einer vorsichtigen Wechseldusche? Und mögen Sie über einen Unterarm mit der Hand, mit einem Coolpack, mit einer Bürste, mit einem Waschlappen streichen? In eine Richtung? Und hin und her?

Oder Sie erkunden die Qualität Ihrer Bettwäsche. Wenn ich z.B. in einem Hotel übernachte, fühle ich mich in der oft glatten, steifen Bettwäsche weniger wohl als in der eigenen. Es ist nicht so »kuschelig«. Und noch ein Insider: Ein Frotteelaken ist für mich nicht angenehm. Und nun Sie! Mögen Sie lieber ein Jerseylaken, Satin-, Biber- oder Seersuckerbezüge?

DAS GLEICHGEWICHT

Der Gleichgewichtssinn wird auch als sechster Sinn beschrieben. Wie ergeht es Ihnen, wenn Sie auf einem Bein stehen? Und wenn Sie dabei noch einen Schuh anziehen? Mögen Sie in dieser Woche ausprobieren, wie es ist, auf der Bordsteinkante zu balancieren? Als Kind haben wir das gewiss alle gemacht, aber jetzt? Haben Sie Lust, wieder einmal rückwärts zu gehen? Und warum gehen Sie nicht einmal wieder barfuß durch den Garten?

Manche der beschriebenen Angebote und Ideen greifen natürlich ineinander. Riechen und Schmecken sind eng verbunden, und Barfußgehen hat mit dem Gleichgewicht ebenso wie mit dem Spüren über die Haut zu tun. Es geht mir nicht um diese Details, vielmehr möchte ich Sie ermuntern, verschiedene kleine Alltagsexperimente zu machen, die einen ungemeinen Reichtum in sich tragen und für mich mit viel Freude, Glück und Zufriedenheit verbunden sind. Ich wünsche mir, dass Sie genau daran anknüpfen mögen.

Wenn Ihnen all das nicht zusagt, können Sie viele andere Ideen selbst entwickeln und umsetzen, um einen Moment zu genießen, der solch eine Intensität bekommt, die nicht »automatisch« vorhanden ist. Wartezeiten an der Kasse können zu Entdeckungsreisen werden, Fahrzeiten in Zug oder Bahn lassen sich gestalten – es gibt eine Welt zwischen Arbeit und Warten. Sie reisen nicht »nur« von A nach B, sondern schenken vielleicht Ihrem Gegenüber einen Blick, ein Lächeln und werden mit einem ebensolchen beschenkt. Oder Sie gönnen sich eine intensive Augenreise und suchen in der vorbeiziehenden Landschaft nach schönen Dingen.

Starten Sie den Tag mit einer Tasse Kaffee mit Ihrem Lieblingsmenschen, freuen Sie sich an dessen Anwesenheit. Dafür lohnt es sich allemal, den Wecker fünf bis zehn Minuten eher zu stellen! Und genauso gut können Sie den Tag allein mit sich und einigen Yogaübungen beginnen.

Ich habe einmal den Satz aufgeschnappt: »Kunst findet meist im Rücken derer statt, die angestrengt in die andere Richtung schauen.« So ähnlich ist es wohl auch mit dem Glück des intensiven Lebens. Es liegt eigentlich schon vor uns, wir haben aber vielleicht verlernt, es wahrzunehmen. Wagen wir den Blickwechsel, gestatten, schaffen, gestalten wir uns die vielen einfachen Glücksmomente im Alltag!

LEBEN IN ECHTZEIT

Andere Worte habe ich dafür nicht. Einen Tag erlebte ich wie drei. Fast jeder Moment war intensiv und wurde in sich zum eigenen Erlebnis. Langeweile gab es nur ganz selten. Die Abhängigkeit von der Außenwelt, wie z.B. die ganz unterschiedlichen Anforderungen meiner vielfältigen Arbeitsprojekte, gaben mir das Gefühl, zerbrechlich zu sein. Denn manch ein Kunde wusste nicht, dass ich z.B. diese komplexen Trainingshandbücher im kleinen Universum des Wohnmobils erstellte. Dadurch fühlte ich mich manches Mal zerbrechlich, denn ein großer Fotokopierer, ein Faxgerät oder auch ein starkes WLAN-Netz wurden als »normal« angesehen und vorausgesetzt.

Hier gibt es zwei Beispiele, die dafür stellvertretend sind.

Die letzte Woche hatte es in sich: von Frankfurt nach Pößneck in Thüringen und dann weiter nach Bielefeld. Trainings und Trainerausbildung. Viele Kilometer, viele Menschen, viel Arbeit, aber alles gut und wirksam. Habe ich schon gesagt, wie gerne ich arbeite?

Ich liebe meine Arbeit – auch wenn es in manchen Wochen

heiß hergeht, so wie in dieser. Gestern gleich nach dem Training sind wir um 16.00 Uhr in Bielefeld losgefahren. Ganz konsequent – kaum eine Pause. Acht Stunden später sind wir in Ulm.

Als wir um kurz vor Mitternacht dort am Kongresshotel ankommen, sehe ich meine beiden Ansprechpartner gerade noch über den Parkplatz in Richtung Hotel gehen. Ohne weiter zu überlegen, reiße ich die Tür des Wohnmobils auf und rufe: »Herr Große und Herr Stegemann, hier bin ich!« Dann sehe ich, wie genau in diesem Moment die Katze aus der Tür springt und sofort verschwunden ist. So schnell, dass ich gar nicht mehr sehe, wohin sie entwischt ist.

Wir haben noch nicht einmal geparkt. Ich bin fassungslos über meine Ungeschicklichkeit – was für ein Unsinn und so was von überflüssig. Kleiner Fehler, große Wirkung!

N. ist sauer. Zu recht. Mir laufen nur noch die Tränen aus den Augen, und ich habe Angst. Wir sind total müde – erst die drei Trainingstage, dann die lange Fahrt und dann solch ein Ende. Statt zufrieden ins Bett zu fallen, geht jetzt das Suchprogramm los.

Ich steige erst einmal aus, und N. besorgt uns einen Parkplatz. Oh, was sind wir aufgeregt, besorgt, verängstigt. Die Katze ist zwar nicht zum ersten Mal entwischt, aber vorher stand zumindest das Wohnmobil jedes Mal am selben Platz.

Wir sind mit den Nerven am Ende, doch machen wir uns auf, laut rufend über den Parkplatz und durch den angrenzenden Stadtpark zu laufen – bis 2 Uhr. Die Straßenbahn unweit des Hotelgeländes beunruhigt uns, so etwas kennt das kleine Katzen-Landei nicht.

Ich dämmere und döse so dahin, schlafen kann ich nicht. Am Morgen bin ich müde und wie gerädert, doch wieder laufen wir hinaus, um nach der Katze zu rufen.

N. geht in die eine Richtung, ich in die andere. Beide blicken wir verstohlen in Richtung der großen, mehrspurigen Fahrbahn, auf der jetzt früh um 6.30 Uhr schon so einiges an Autos entlangjagt. Wenn sie da hinübergelaufen ist? Wenn sie es nicht geschafft hat, die Straße zu überqueren? Oder die Straßenbahngleise? Oder wenn ein Fuchs aus dem Park ... Wieder treiben mich die persönlichen Horrorgeschichten um.

Mir kommen die Tränen, meine Selbstvorwürfe wachsen trotz der frühen Morgenstunde, und ich bin voller Verzweiflung. Die Stimme, die sagen könnte »Es wird schon«, die höre ich nicht. Gegen 8.30 Uhr entschließen wir uns, im Hotel zu frühstücken.

Bald bin ich ja auch mit dem ersten Vortrag dran – der schwerste meines Lebens. Dennoch schaffe ich es, meine persönliche Betroffenheit so umzuwandeln, dass ich sie für das Thema Führung gut als tragenden emotionalen Teppich nutzen kann. Es fällt mir sehr schwer, doch all die Gesichter, in die ich schaue, bekräftigen mich in meinem Tun. Es gibt eine große Woge im Raum, die Botschaft wird transportiert und angenommen.

Ich halte mich an der Hoffnung fest, am innerlichen Beten, weiß, dass es weitergeht, auch wenn es schwer ist. Mir ist meine Kraft bewusst, insbesondere diese Präsenzkraft in diesem Moment. Und im nächsten. Der Fokus liegt auf dem Jetzt. Worst-Case-Szenarien lasse ich nicht zu, alles richtet sich auf diesen Vortrag. Die Essenz des aktuellen Lebensprojektes, die vielen Erfahrungen und die Unterstützung durch N. stärken mir den Rücken.

Also weitermachen, noch ein Treffen am Nachmittag, doch schweifen unsere Gedanken immer wieder zur Katze. Wo ist sie wohl? Was macht sie? Hat sie Angst, Hunger?

Mit Suchen geht auch der Abend vorüber.

Wir schlafen voller Angst und Sorgen ein, fallen in einen leichten, unruhigen Schlaf, aus dem wir immer wieder hochschrecken.

Am Morgen endlich bekommt N. Antwort auf das Rufen, ein klägliches Maunzen aus dem Gebüsch bei der Straßenbahnhaltestelle.

Und es gelingt ihr, Hexe auf den Arm zu nehmen, sie über die Straße zu tragen, einhändig das Wohnmobil aufzuschließen und dann die Katze hineinzubringen. Auf meinem Handydisplay lese ich »Ich habe sie!« und schon laufen mir wieder die Tränen, doch jetzt vor Erleichterung.

Auf meinem Handydisplay lese ich »Ich habe sie!« und schon laufen mir wieder die Tränen, doch jetzt vor Erleichterung.

Wenige Minuten danach sitzen wir alle drei eng zusammen und sind einfach nur froh. Vor Erleichterung weinen wir hemmungslos. Sie ist wieder da, die kleine Hexe. Als Belohnung bekommt sie gleich Milch und Futter. Als sie sich schlafen legt, gehen wir ins Tagungshotel, um den Arbeitstag zu beginnen. Obwohl uns der Schreck noch sehr in den Gliedern sitzt, ist die Welt wieder in Ordnung.

Sicher werde ich diese aufwühlenden Tage hier in Ulm nie vergessen. So viele, facettenreiche Emotionen, solch ein Zusammenhalt, eine unausgesprochene Liebe und Verbindung. Beide haben wir das noch nie erlebt.

Dieses Abenteuer war so wertvoll, so reichhaltig. Ich lernte jeden Tag so viel Neues, erfuhr Dinge über mich, das Leben, die Katze, die Liebe und die Welt. Gut, dass wir es gewagt haben. Einfach anfangen, es lieber probieren, statt ewig lang an einem Projekt zu feilen, bis es dann perfekt ist. Das kann Monate oder Jahre später sein, dann hat sich vielleicht schon die ganze Motivation oder auch der Anfangsschwung verflüchtigt.

Ich erlebte mich und den Alltag in Echtzeit, unsere Präsenz und Aufmerksamkeit waren sehr hoch, denn so vieles galt es wahrzunehmen und zu achten. Wer auch nur drei Tage mit uns gereist wäre, bräuchte kein Achtsamkeitstraining mehr: Hier wurde es jede Minute gelebt.

Beide bekamen wir sozusagen eine neue Software, die dafür sorgte, dass wir lernten,

- auf wenigen Quadratmetern zu leben. Wir ertrugen die Enge im Wohnmobil auch in den schweren Zeiten, was da hieß: viel zu tun, schlechtes Wetter, unliebsame Aufgaben, ungemütlicher Stellplatz etc.,
- Schuldzuweisungen wegzulassen. Sie bringen – außer einer überflüssigen Diskussion – nichts,
- noch dankbarer für die einfachen Dinge zu sein, wie z.B. für Wasser,
- uns zuzuhören. Zum einen jeweils selber nach innen hinein: Was ist mit mir, wie geht es mir wirklich? Was brauche ich? Und nach außen, sodass die andere dies versteht und nachvollziehen kann und sich daraus der nächste Schritt entwickelt,
- unsere Kompetenzen noch besser in die gemeinsamen Aufgaben einzubringen, sodass der Alltag besser »flutscht«.

Diese reflektierenden Gedanken kamen mir immer wieder. Gerade nach solchen tief bewegenden Ereignissen wie der Suche nach der Katze.

Als wir wenig später das Wohnmobil abreisefertig machten, schlief die Katze oben im Bett im Alkoven, friedlich und erschöpft. Wieder einmal wünschte ich, dass ich in ihren kleinen Kopf hineingucken könnte, was und wie sie wohl alles erlebt hatte.

Mit diesem Abenteuer, mit all diesen Eindrücken in wenigen Stunden kann ein Sonntagnachmittag auf dem Sofa nicht mithalten. Ich staune über die Intensität und Reichhaltigkeit des Lebens.

Im Weitermachen liegt ein großer Schlüssel. In diesem Jahr lernte ich, noch mehr auf mein Bauchgefühl, meine innere Stimme und Intuition zu hören.

Wieder ein paar Tage im Schwarzwald – und wieder Tage, die ich nie vergessen werde.

Auf dem Rückweg von Zürich tingeln wir ein wenig an der Grenze zwischen Deutschland und der Schweiz hin und her, auch um wieder ins deutsche WLAN-Netz zu gelangen, was für mich – auch angesichts der vielen Arbeitsprojekte – immer wieder recht wichtig ist. Währenddessen suche ich nach einem perfekten Platz für zwei Nächte, an dem ich morgens laufen kann und der mir ein wenig Schwarzwaldfeeling vermittelt – denn das ist nun wieder eine Ecke von Deutschland, die ich nicht gut kenne.

Nach einer Weile Hin- und Herfahrens in der Rheinregion verabschieden wir uns davon, heute noch einen Platz zu finden, an dem wir länger bleiben können. Denn es ist schon kurz vor Sonnenuntergang, alle Plätze, die wir ansteuern, sind belegt. Mit den letzten Sonnenstrahlen aber finden wir dann einen Parkplatz, der uns zumindest für diese Nacht attraktiv erscheint. In wenigen Minuten sind wir draußen, N. räumt die Stühle hinaus, ich mache innen alles klar, und Hexe erkundet bereits die nähere Umgebung.

Doch dieser Platz stellt sich kurz darauf als recht ungemütlich dar. In der Nähe liegt eine große Festhalle, ein kleiner LKW hält, und ein paar Männer steigen aus, die dann mit einem kleinen dieselbetriebenen Hubwagen dicke Planken und Holzbohlen über den Platz fahren. Neben dem »Duft« nach Diesel vermasselt der Lärm uns den Abend. Aber jetzt noch fahren? Ohne zu wissen, wohin?

»Nein, wir bleiben.« – »Nein, wir bleiben nicht.« Kurzerhand nimmt N. die Katze, die zwischen unseren Füßen spielt, einfach hoch, räumt die Stühle ein und in Sekundenschnelle sind wir abfahrbereit.

Doch wohin? Aber wie selbstverständlich leitet uns die Straße weiter. Ein wenig Sonne sehe ich noch auf den Hängen, während ich den Wohnmobil-Stellplatzführer immer wieder in die Hand nehme.

Und da liegt noch ein Platz, den ich nicht wahrgenommen hatte, eine unscheinbare Wiese neben einem Gehöft. Man möge sich telefonisch anmelden. Das tue ich sofort und so dürfen wir auf diesem Platz jetzt erst einmal ankommen. Es ist mittlerweile dunkel, doch ahnen wir schemenhaft, dass wir die einzigen Gäste sind, dass dort ein kleiner, plätschernder Wassertrog ist, die Wiese leer ist und es keinen Strom gibt. So what! Wir bleiben und genießen den sommerlichen Spätabend auf dieser Wiese im Schwarzwald. Zufrieden schlafe ich ein.

Gleich morgens kommt dann ein älterer, bequem gekleideter Mann auf einem Moped daher, welches sicher an die 40 Jahre oder mehr auf dem Buckel hat. Er stellt sich direkt vor die Tür des

Wohnmobils und holt aus: »Nun benötige ich Ihre Namen und Adressen … und die Toilette ist dort drüben … Strom gibt es nicht, aber Wasser habe ich ganz viel …« So geht es minutenlang weiter. Köstlich! Dieser Mann steht so früh bei uns am Wagen, dass wir noch gar nicht wirklich gesammelt und »salonfähig« sind.

Jedenfalls sind wir willkommen und richten uns ein. Und auch dieser Tag ist einer der schönsten dieses Jahres. Um uns herum ist viel Raum, wir können uns ausbreiten und unser Platz ist nur von zwei Seiten einsehbar. Also haben wir eine gewisse Geborgenheit. Ja, ich weiß, der Sommer macht alles leicht.

DIE NATUR ALS LEBENSORT

Romantik pur – kitschige Fotos in Prospekten von Situationen, die wirklich zu erleben sind. Wir stehen direkt am See, neben dem Fluss, am Waldrand.

Ich lasse mich in eine Wiese plumpsen, blicke in den Himmel, spüre die Grashalme an meinen nackten Beinen und bleibe liegen. Die Wiese duftet, ich bleibe so lange liegen, bis mir kalt wird.

Der See liegt noch frisch im Morgenlicht, ich bin die Erste, die an diesem Tag ins Wasser geht. Eine glatte Oberfläche, keine Wellen, stattdessen Stille. Kleine Fische, die durch meine Schritte auf den Kieseln des Sees aufgeschreckt werden. Zwei Schwäne, die sich nicht stören lassen. Nackt gleite ich in den See und spüre den frischen Tag, schwimme eine Runde und stehe danach in mein Lieblingshandtuch gehüllt am Ufer.

Wintersonnenwende. Ein Feuer mitten im Wald, geschützt an einer kleinen Hütte. Funken, die in den Himmel stieben, Dankbarkeit und kleine Gebete, die automatisch in mein Gemüt kommen. Ein dunkler Wald, unheimlich und geborgen zugleich. Schnee unter den Stiefeln und Sterne am Himmel.

EIN GEWITTER AM CHIEMSEE

Wild tanzende Windböen, die in die hohen Bäume um uns herum fahren und diese zum Ächzen bringen. Das Abendessen können wir noch draußen einnehmen, doch der Regen ist zum Greifen nah;

man kann ihn schon in der Luft spüren. Er kommt mit einer kleinen Kühle daher und bringt schwarze Wolken mit.

Wir räumen alles ein, sodass der aufkommende Sturm uns nichts anhaben kann. Wie immer handelt jede von uns vollkommen automatisch und selbstverständlich in ihren jeweiligen Aufgabenbereichen, N. packt draußen alles zusammen, ich räume drinnen und kurbele die Fenster zu.

Wie immer handelt jede von uns vollkommen automatisch und selbstverständlich in ihren jeweiligen Aufgabenbereichen.

Bei dem dann stark einsetzenden Dauerregen bleiben wir drinnen. Wir sind beide müde von diesem heißen und schwülen Tag, aber auch vom bevorstehenden Ende unseres Weges.

Lange sitzen wir noch zusammen und gehen die Eindrücke der letzten Monate durch. Wie hat jede von uns etwas erlebt, wie hat sie es wahrgenommen? Ein Abgleich tut gut.

Später lese ich noch eine Weile, aber ich möchte dann auch ins Bett, sonst ist die Nacht zu kurz. Doch das Gewitter ist noch lange nicht vorüber. So liege ich da oben in meinem kleinen Eck des Alkovens und bange, denn es gewittert grandios. Als Kinder zählten wir die Sekunden zwischen Blitz und Donner, um die Entfernung des Gewitters abzuschätzen. Jetzt ist es ähnlich; ich versuche mir vorzustellen, wie dicht das Gewitter nun mittlerweile ist, damit ich den Lärm und die Wettergeräusche um mich herum einordnen kann. Man könnte fast meinen, dass ich ohne die Wohnmobilhaut dort liege, so nah fühlt es sich an, so nackt und bloß fühle ich mich.

Und in dieses Unbehagen gegenüber Blitz und Donner mischt sich jetzt die Vorstellung, dass bei diesem Sturm einer der Bäume

brechen könnte und ins Dach kracht. Dann wäre es aus. Ich kann mich kaum frei machen von der Vorstellung, wie diese mächtigen Bäume über mir zusammenbrechen und einfach in das Dach des Wohnmobils krachen.

Aber mitten in der Nacht können wir auch nicht mit dem Wohnmobil vor oder zurück. Denn wir stehen am Ende der kleinen Reihe von Wohnmobilen und Wohnwagen, danach kommen nur noch Bäume und wildes Untergehölz und Buschwerk. Und Richtung Campingplatz müssten mindestens drei andere Wohnmobile rangieren, bis wir durchkommen könnten.

So verwerfen wir diesen Gedanken. Aber dadurch werde ich auch nicht ruhiger. Das gelingt mir nur, indem ich einfach warte, bis das Gewitter weiterzieht und sich der Sturm langsam legt. Vor meinem inneren Auge kann ich diese Szenerie wie einen Filmausschnitt per Zoom aus der Distanz betrachten. Als könnte ich eine Adlerperspektive einnehmen, kann ich mich von außen betrachten. Winzig klein, wie in einer Miniatureisenbahnlandschaft sehe ich das Wohnmobil, die angrenzende Baumgruppe und den Chiemsee. Und in diesem Wohnmobil sehe ich mich oben im Alkoven liegen, die hohen Bäume über mir, die sich im Sturm hin- und herbewegen.

Mit diesen und anderen Gedankenspielen überstehe ich diese nächtliche Zeit. Irgendwann ist dann auch wieder mehr Ruhe draußen, und ich kann wieder einschlafen. Heil und unversehrt!

Die Natur war in diesem Jahr allgegenwärtig. Gerade dann, wenn wir sie nicht als schützenden Lebensraum spüren konnten, fühlte ich, wie sehr ich sie brauchte, um zu generieren und mich selber tiefer zu erleben.

Oft genug zwangen uns meine Aufträge dazu, in Städten zu verweilen. Das ist ja auch verständlich, denn dort findet ja das normale Leben statt.

Doch viel wohler fühle ich mich draußen. Mit dem Zelt am Deich, auf einer Lichtung im Wald oder auf einer Wiese stehend.

Schon immer war ich lieber draußen als drinnen.

Nicht ohne Grund ist es ein derzeitiger Trend, sich Antworten in der Natur zu holen. Der Wald gilt laut diverser neuester Studien als heilsamer Ort, die Natur entschleunigt und ist ein zutiefst heimischer Ort für uns Menschen.

So erlebe ich es schon lange. Doch gilt diese Weisheit nicht für den Großteil der Menschheit. Die Menschen sind oft gezwungen, in den Städten zu leben, andere machen es freiwillig, wie ich damals. Eine

Zeit lang lebte ich mitten in Berlin. Und doch fühlte ich mich da sehr eingesperrt. Der freie Blick auf den Horizont war durch Häusermeere verstellt.

Die Natur ist unser ursprünglicher Lebensraum – wir fühlen uns dort »zu Hause«, auch wenn das nicht immer gleich erfahrbar ist und vielleicht als unbewusstes Erleben den Aufenthalt in der Natur beeinflusst.

»Die Wildnis ist nicht ein Ort, den wir besuchen – sie ist unsere Heimat.«

GARY SNYDER

Die Natur mit all ihren Facetten kann uns guttun. Nicht ohne Grund schauen sich Menschen gern Naturfotos an oder kleben sich ganze Landschaftspanoramen als Fototapete ins Wohnzimmer. Werbeclips werden oft von grandiosen Naturaufnahmen eingerahmt. Der Blick in die Natur entspannt uns, erinnert uns – unbewusst – an den natürlichen Lebensraum. Im Vergleich zur gesamten Evolution leben Menschen in Häusern, Siedlungen und Städten erst seit verhältnismäßig kurzer Zeit, so kurz wie ein Wimpernschlag!

Und auch wenn mein Blick aus dem Wohnmobilfenster nicht auf spektakuläre Seen in Kanada oder Küstenstriche traf, so ging er an vielen Tagen in die Natur. Ein Blick in den Wald, auf eine Wiese, manches Mal war es nur die Hecke, an der wir standen.

Der Tritt aus dem Wohnmobil war ein Schritt in die Natur.

Es war uns nicht immer möglich, draußen zu sein, denn oft zwangen mich die Anforderungen an meine Arbeit, innerhalb der Städte und Ortschaften zu bleiben. So brauchte ich oft Strom, damit ich die Büroarbeit gut ausführen konnte. Aber so oft es ging, wählten wir die Natur, um dort zu stehen und zu übernachten. Mit der Zeit fanden wir immer bessere Plätze, an denen wir unsere Ruhe hatten. Mein Auge wurde immer geschulter, kleine, grüne Plätze zu finden, an denen wir draußen sein konnten. So oft wie möglich setzten wir uns raus, trotzten Wind und Wetter und hüllten uns bei kühleren Temperaturen zusätzlich in Wolldecken, um draußen arbeiten zu können. So oft es ging, erkundeten wir noch zu Fuß oder mit den Rädern die Umgebung.

Die Natur ist der Ort, an den wir ursprünglich gehören. Er ist unser Zuhause und schenkt uns eine tiefe Zugehörigkeit.

In der Stille des Waldes können wir unsere eigenen inneren Stimmen besser hören. Der Alltags- und Verkehrslärm ist reduziert, wir können achtsamer uns selbst gegenüber werden.

Wer sich traut, wieder mehr in der Natur zu sein, der erlebt sich ursprünglicher, glücklicher. Das mannigfache Schauspiel, das die Natur bietet, schenkt Dankbarkeit und Ehrfurcht. Alleine der Lebensraum Wald ist ein Kunstwerk, ihn in seiner Vollkommenheit erleben zu dürfen, schüttet Glückshormone aus, schenkt Ruhe und Zufriedenheit. An einem Bach zu sitzen, ist ein einfaches und zugleich nachhaltiges Erlebnis. Ähnliches gilt für Seen, Wiesen, alles, was grün ist. Momente von tiefem Glück in der Natur habe ich in diesem Jahr erlebt, ähnlich wie beim Paddeln, wo ich mich für vier oder fünf Tage aufmache, mit Boot und Zelt unterwegs zu sein – mit Klappspaten und genügend Proviant, um für eine gewisse Zeit vor der Zivilisation zu fliehen und in sie zurückzukehren.

Ein Abend am Flussufer, an einem See oder Waldrand ist jederzeit möglich, dazu brauchen wir keine langen Wege auf uns zu nehmen. Bunte, saftige Wiesen finden sich allerorten. Dieses Geschenk liegt vor der Haustür. Die Sterne leuchten mehr, die vielfältigen Stimmen der Natur bereichern unser eigenes Schweigen und machen dieses für viele Menschen überhaupt erst möglich. Wenn wir unsere Wahrnehmung nach außen erweitern, stellt sich hier in der Natur ein Hochgefühl ein. Ganz gegenteilig dazu, dass wir unsere Wahrnehmung in den Städten drosseln, denn der ständige Lärm, die Fülle und die Geschwindigkeit werden ausgeblendet. Doch das verhindert eine sinnliche Wahrnehmung. In der Natur ist das anders. Dort können wir zur Besinnung kommen. Je mehr Sinne am Erleben beteiligt sind, umso intensiver erleben wir Alltagssituationen. Dies erfuhr ich tagtäglich im Wohnmobil: Ich spürte, wie viel sensibler meine Sinne reagierten. Mir wurde es sofort gewahr, wenn wir draußen sein konnten.

Die dünne Haut des Wohnmobils hatte auch Vorteile: Vogelgezwitscher, Meeresrauschen und Wind waren leicht zu hören.

Frühlingsdüfte zogen schnell durch die Kunststofffenster.

Es wurde mehr und mehr Routine, so viel wie möglich draußen zu sein. So oft es ging, entzündeten wir ein kleines Feuer, dies war ganz besonders im Winter schön. So brachten wir Licht ins Dunkel. Und so oft es ging, arbeitete ich draußen, dann saß ich eben mal mit einer Decke auf der Wiese, den Laptop und die Bücher neben mir. Und auch wenn unser Wohnmobil immer ein wenig die ökologischen Nachteile eines dieselbetriebenen Fahrzeugs mit sich brachte, so achteten wir darauf, keinen Dreck, keinen Müll oder keine nicht geräumte Feuerstelle zu hinterlassen. Und ebenso vermieden wir Umwege und unnötige Strecken.

Meine anfängliche Angst vor nächtlichen Überfällen veränderte sich rasch: Ich erfuhr, dass wir draußen in der Natur sicherer standen als auf Plätzen in den Städten. Und manch ein Wohnmobilstellplatz in den Orten bot grüne Winkel an, an denen sich Katze und Mensch wohlfühlten.

Und wenn das nicht möglich war? Dann habe ich es einfach akzeptiert, dann ging es eben nicht anders, und wir haben das Beste daraus gemacht.

UNTERWEGS-SEIN

Unterwegs-sein ist vielfältig. Es bedeutet zum einen Abenteuer, Sich-treiben-Lassen, nichts planen. Bei einem solchen Langzeitprojekt ist es der Dauerzustand. Ähnlich wie auf meiner Alpenüberquerung erlebte ich in diesem Jahr jeden Tag anders. Die Eindrücke eines Tages waren

um ein Vielfaches unterschiedlicher und intensiver, als in meinen wahrhaft sesshaften Jahren zuvor. Doch das Erleben des Alltags war intensiver.

Es gab so ein paar ganz typische Stimmungen während dieses Unterwegsseins:

Da war die Freude, einen schönen Platz gefunden zu haben, der Blick ging in die Natur, ich konnte draußen sitzen, am besten ohne andere Menschen um mich herum. Ein Fluss, Bach, See oder eine Wiese, an der ich mich erfreuen konnte, oder sogar der Blick aufs Meer, wenn auch nur mit einem kleinen Zipfel Sichtbarkeit.

Keinen Briefkasten zu haben oder den Posteingang kontrollieren zu können.

Wegzufahren, wenn es mir nicht gefällt. Freiheit jederzeit.

Dann gab es aber auch die Erschöpfung, so eine Art innere Erschöpfung, die Müdigkeit des Reisens und des Unterwegsseins. Diese stellte sich meist in einer sehr typischen Situation ein: Wir haben eine lange Strecke zu fahren, sind also mal gut ein oder sogar zwei Tage unterwegs, »mal eben nach München« oder »mal eben nach Norderstedt«, ruckeln über die holperigen deutschen Autobahnen, die so holperig sind, dass ich auf diesen Strecken nicht gut arbeiten kann. Da saßen wir dann nebeneinander, redeten über alles Mögliche, was gerade anlag und uns beschäftigte, und merkten einfach, wie wir einen Teil unserer kostbaren Lebenszeit mit Fahren verbrachten.

Wenn es dann draußen regnete oder dunkel war, dann fühlte es sich noch fürchterlicher an. Dann malte ich mir aus, wie andere Menschen glücklich daheim auf dem Sofa sitzen, in den Fernseher oder den Kamin schauen und sich ausruhen oder vielleicht ein gutes Buch lesen. Immer wieder fragte ich mich, ob ihnen eigentlich bewusst ist, wie gut sie es haben? Es ist doch wahrlich nicht selbstverständlich, einen sicheren Ort zum Leben zu haben?

Oder es war so wunderbar geborgen in diesen kleinen vier Wänden auf Rädern. Der vertraute Duft, die Lieblingsgegenstände um mich herum, einfach gelebte Handlungen, Zufriedenheit mit dem Wenigen. Die geliebte Partie Schach am Abend, während die Katze schon friedlich schlief.

Freiheit, Ungezwungenheit und Freude konnten da sein. Aber auch eine eigenartige Befangenheit und traurige Nachdenklichkeit konnten die Folge dieser Stimmungen sein. Vielleicht war es eine Art von punktueller Heimatlosigkeit?

Verstärkt wurde diese Stimmung noch durch das Problem der Platzsuche. Manch einer stellt es sich vielleicht sehr romantisch vor –

einfach anhalten, wo es einem gefällt. Doch allein das klappt ja oft schon nicht, wenn Menschen mit dem Wohnmobil Urlaub machen. Denn: Gerade an einem Platz angekommen, entsteht der Gedanke, dass es ja noch einen viel, viel besseren Platz geben könnte. (Köstlich, diesen Zustand kenne ich auch von Reisen mit dem Rad oder Boot, doch war der Suchradius durch den »Motor« menschlicher Kraft per se reduziert.) In der Folge geht es aber los, das Weiterfahren, das Weitersuchen. Ist endlich ein Platz gefunden, muss dieser dann wiederum beseelt werden, er muss innerlich und äußerlich eingenommen werden.

Das aber ist eine Erfahrung, die mich mehr und mehr kräftigte. Ich spürte, wie wichtig es ist, nicht einfach so den Fuß auf den Boden zu setzen – es brauchte ein inneres und äußeres Ankommen, so etwas wie eine tiefere Verbundenheit mit dem Ort, mit Mutter Erde und dem kleinen Fleck, den ich für die Nacht ausgesucht hatte.

Im Unterschied zu einem Urlaub waren wir manches Mal gezwungen, bestimmte nicht so günstige Plätze anzunehmen, wenn mich z.B. ein Auftrag in eine bestimmte Gegend brachte. Und: abends ankommen, im Dunklen, bei Regen, das kostet Kraft. Fast jeden Tag an einem anderen Ort. Deshalb waren diese Tage, an denen wir länger an einem Ort standen, sehr wertvoll und fast schon erholsam für uns.

Mit der Brille des Abenteurers betrachtet, ist das ganz im Sinne des Liedes von Hannes Wader »Heute hier, morgen dort …« – dann klingt es cool, verrucht, nach Aufbruch, nach Reisen eben.

Aber manch eine unserer Routenplanungen erschöpfte uns innerlich. Dann fuhren wir z.B. in den Abend hinein, drei bis vier oder auch fünf Stunden. Ich suchte uns einen Platz aus, erst einmal nur theoretisch, auf der Karte, dann im Stellplatzführer. Dann kamen wir gegen

22.00 Uhr oder 23.00 Uhr an, versuchten »runterzukommen« nach der Anstrengung der Fahrt. Manches Mal ging es gleich früh um 6.00 Uhr weiter, sodass ich um 8.00 Uhr beim Kunden sein konnte, um aufzubauen und dann um 9.00 Uhr zu starten.

Diese Nächte und Tage erlebten wir oft als anstrengend. Manchmal sahen wir den Platz, auf dem wir übernachteten, nicht einmal bei Helligkeit, sondern nur im Dunkeln. Meist fuhren wir nach solchen Nächten mit einem schalen Geschmack im Gemüt vom Platz. Kein Wunder, denn es gab keine Möglichkeit, diesen Platz zu erkunden, ein paar Schritte dort zu gehen, um zumindest ein klitzekleines Heimatgefühl zu entwickeln.

Manchmal sahen wir den Platz, auf dem wir übernachteten, nicht einmal bei Helligkeit, sondern nur im Dunkeln.

Natürlich warfen solche Situationen immer wieder die eine Frage auf: »Warum machen wir das denn weiter, vor allem, wenn es sich gar nicht gut anfühlt?«

Und darauf hatte ich diese Antworten:

- »Ich will erfahren, wie ich solche schweren Momente durchlebe und überstehe!« Das Abenteuer weiterleben – aufhören ist einfach. Weitermachen bringt neue Erfahrungen.
- »Ich möchte weitermachen, innerhalb der Komfortzone kenne ich mich aus, außerhalb noch nicht so lange. Also weitererfahren.«

Die glücklichen Momente, wie z.B. an der Naab, die gibt es wiederum in den vielfältigsten Facetten. Im Sommer, auch schon im beginnenden Frühling, nutzten wir die unmittelbare Umgebung als zusätzlichen »Wohn-Raum«. Da konnten wir draußen sitzen, da war es abends spürbar heller. Und da ließen sich dann auch diese zwei oder drei Tage, die wir oft zwischen zwei Aufträgen in der Luft hingen, gut verbringen. Im Winter war das manches Mal auch schwieriger. Da standen wir dann drei Tage an einem Stellplatz, waren auf Wasser und Strom angewiesen und versuchten, das Beste draus zu machen.

Das sind dann diese Momente, die, wenn sie überstanden sind, uns stärken, uns reicher machen. Da gilt es, auf diesen wenigen Quadratmetern Leben zu gestalten, Alltag zu implementieren, der machbar ist.

Oft dachten wir über den Aspekt der Heimat nach: Was heißt es, eine Heimat zu haben und zu wissen, wo wir herkommen, wo wir hingehören? Was sind unsere Wurzeln?

In der Heimat zu sein, bedeutet auch, akzeptiert zu sein, sich geborgen und zugehörig zu fühlen. Heimat unterwegs bedeutete für mich auch, mich – zumindest ein wenig – auszukennen, zu wissen, wo ich bin.

Sich an einem Ort vertraut zu fühlen, entsteht für mich auch dadurch, dass ich dort neben dem reinen »Stehen mit dem Wohnmobil« etwas unternommen habe. Neben der Arbeit im mobilen Office waren das Aktivitäten wie Laufen, Schwimmen, Spazierengehen oder Wandern, ein Theater- oder Restaurantbesuch. Immer ist es ein Zusammentreffen mit Freunden und anderen Menschen. Ein Stück Gemeinschaft und Verbundenheit zu leben.

Die schönsten Tage in diesem unserem Jahr im Wohnmobil zeichneten sich auch dadurch aus, dass sie ganz einzigartig waren: Niemand wusste, wo wir sind, nur per Telefon waren wir erreichbar. Ein

traumhafter, fast heimlicher Zustand, komplettiert durch ein Abtauchen von meiner Seite aus, indem ich den Gang ins Internet vermied, keine Nachrichten mitbekam. Die Welt mit all ihren Nachrichten blieb mir fern; ein ungeheurer Luxus und zugleich ein einfacher.
Keine 5-Sterne-Hotel-Anlage, kein aufwendiger Flug und keine große Küche mit ausgewählten Sterneköchen. Das schlichte, einfache Leben an einem wunderschönen, unverhofften Ort, den ich nie mehr vergessen werde.

Zum Unterwegssein gehört ebenso wie das Losfahren auch das Ankommen.

Ankommen geht überall, es hängt davon ab, welche Erwartungen ich an diesen Ort stelle und was davon alles abhängt. Welche Konsequenzen hat dieser Platz, diese Entscheidung? Denn jedes Mal ist es eine Entscheidung.

Immer wieder spürten wir in unserem Jahr im Wohnmobil die Energie, die wir aufzubringen hatten, um an einem Platz zu landen, anzukommen, aber auch, um ihn wieder zu verlassen. »Die Seele braucht Zeit, um anzukommen«, so haben wir es uns immer wieder versucht zu erklären.

Hielt das Wohnmobil an einem Standplatz, waren unsere Körper da, aber unsere Seelen, unser Gemüt, unsere tiefere Befindlichkeit waren noch nicht angekommen. Wir räumten aus und um, begannen mit den notwendigen Routinen: Strom anschließen, Wasser auffüllen.

Aber wir brauchten jedes Mal Zeit und Muße, um an einem Platz anzukommen. An bekannten Plätzen, also dort, wo wir schon öfter gestanden hatten, da war es leichter. Mögliche Unwägbarkeiten waren bekannt, auch Vorfreude hatte ihren Raum. Vertrautheit ist ein wichtiger Begleiter.

In unbekannten Gegenden aber hatten wir erst den Platz auszuwählen, zu finden und am Platz selber noch einmal abzuwägen, wo genau wir denn stehen wollen. Im Laufe der ersten Wochen lernten wir schnell, darauf zu achten, dass sich nicht noch ein anderes Wohnmobil dicht neben unseres drängeln konnte.

Oft genug erlebten wir das: Erst waren wir noch glücklich über einen gefundenen Stellplatz, doch wenige Minuten später kommen die neuen Nachbarn, drehen die Fernsehantenne hinaus, stellen die Stühle vor den Wagen und sitzen dann draußen und sehen fern, mit hochgedrehter Lautstärke. Sie machen Urlaub oder einen Wochenendausflug, wir leben unterwegs. Was für ein Unterschied!

»Whereever I lay my hat that's my home ...« So sang es Paul Young in den 80ern. Ein Irrtum, dass man sich überall zu Hause fühlen kann wie ich angesichts der Erfahrungen im Wohnmobil feststelle. Ich finde nicht, dass ein Schlafplatz in einem Auto oder ein Gästebett bei Freunden und Verwandten eine »richtige« Heimat ersetzen kann.

Heimat ist dort, wo man Hut und Haupt ablegen und sich ausstrecken kann. Im Sitzen schlafen ist also nicht heimatlich? Nein; da sind Flüchtlinge und auch Patienten mit Atemnot per se schnell ausgeschlossen. Denn ein Flüchtling hat nicht immer einen Platz für die Nacht, um dort liegend zu schlafen. Und auch ein schwer von z.B. Atemnot betroffener Patient kann nicht in seiner gewohnten, komfortablen liegenden Position schlafen.

Heimat, heimatlich, Heim, heimelig – das sind Begriffe, die beim Lesen und Hören wohl unterschiedlichste Assoziationen hervorrufen. So etwas wie die Anmutung von Geborgenheit, Vertrautheit, Zugehörigkeit mag da hochkommen, aber auch Tradition, Familie, einen Platz haben und einnehmen.

Ich erlebte es in diesem Jahr so, dass Heimat eine Art Urbedürfnis eines Menschen zu sein scheint. Auch wenn man eine Weile keine Heimat hat, kann man das aushalten, kann man das Bedürfnis zurückstellen. Und tatsächlich sind in unserer modernen Welt ja unglaublich viele Menschen nicht (immer) mit einer Heimat gesegnet – Menschen, die flüchten müssen aus Kriegsgebieten, Dürregebieten, Katastrophengebieten, aus religiösen Gründen, weil sie homosexuell sind oder weil sie unerlaubt ihre Ehe verlassen wollen, weil sie durch irgendein Raster fallen.

Ich denke aber auch an Menschen, die beruflich lange unterwegs sind. Nicht nur die Astronauten in der ISS, die Forscher an Nord- und Südpol, auch diejenigen, die humanitäre Hilfe leisten und monatelang nicht in ihrer Heimat sind.

Und wie ergeht es Menschen, die beruflich fünf Tage unterwegs und nur zwei Tage zu Hause, also in der Heimat sind? Sind sie auch heimatlos? LKW-Fahrer, die ihr halbes Leben auf den Straßen der Republik verbringen, damit sie all das in die Häuser liefern, was die Menschen im Internet bestellen, damit sie nicht raus müssen.

Menschen, die per se nicht sesshaft sind, Sinti, Roma, Massai und andere – sind sie per se anders als ich? Oder was macht z.B. wirtschaftliche Armut und Obdachlosigkeit mit einem Menschen?

Und der Umkehrschluss: Ist eine Bleibe, ein Haus, eine Wohnung immer gleich Heimat? Was braucht ein Ort, um Heimat zu sein, um seinen Bewohnern dieses Gefühl von Zugehörigkeit und Geborgenheit zu geben, die ich mit Heimat assoziiere? Passt das Gefühl von Heimat noch in unsere schnelllebige Zeit – oder ist es gerade jetzt wichtig? Wird Heimat mehr denn je ein Kraftort?

Fragen über Fragen, die mich auch lange nach dem Nomadenjahr immer wieder beschäftigen. Auch wenn ich auf viele von ihnen keine Antworten habe, so empfinde ich die Beschäftigung mit diesem Thema als überaus wertvoll und bereichernd. Ich fühle mich reich und beschenkt, wieder eine Heimat zu haben – in meiner Kraft zu stehen. Und dafür bin ich jeden Tag dankbar.

VOM WOHNZIMMER AUF DIE STRASSE – OFFEN UND UNGESCHMINKT

Im Wohnmobil gibt es keinen Flur und keinen Vorflur. Auch kein Treppenhaus oder keinen Vorplatz vorm Haus. Es gibt nur eine Tür, und wenn ich durch diese hinausgehe, dann bin ich in der öffentlichen Welt. Ich bin sofort sichtbar, ob ich nun im Nachthemd oder im Businessdress bin – jedweder Mensch, der dort vorbeikommt, kann mich sehen.

Umgekehrt ist es ähnlich, es gibt nur diese eine Tür, durch die ich hineingehe und unmittelbar mitten im Lebensraum Wohnmobil bin. Wenn also Gäste, wie Freunde oder andere Besucher, ins Wohnmobil eintreten, sind sie inmitten von Wohnzimmer, Büro, Schlafzimmer, Küche und dem kleinen Kosmos all der Dinge, die dort die kleine persönliche Welt der Bewohner ausmacht. Ich bin also recht offen und ungeschminkt sichtbar für andere Menschen.

Daran musste ich mich erst gewöhnen, denn normalerweise kenne ich es, um das Haus herum noch so einen gewissen privaten Bereich zu haben, oder in einer Wohnung noch einen Balkon zu haben. Ein Übergang zwischen den eigenen vier Wänden und der großen weiten Welt. Draußen sein zu können, ohne gesehen zu werden.

Das fiel hier weg. Es sei denn, wir fanden die guten Plätze in der Natur, alleine, keine Menschen drumherum, dort konnte ich dann ungesehen auf einer Wiese sitzen oder liegen.

In den ersten Wochen hatte ich damit viel zu tun, denn auch das kleine private Leben am Tisch, der vor dem Wohnmobil stand, war für andere sichtbar. Stand ich z.B. auf einem Wohnmobilstellplatz, dann saßen anderen Menschen nur wenige Meter daneben.

So war ich nahezu gezwungen, ihre Geräuschkulisse mit wahrzunehmen: Gespräche, Radiomusik, den Fernseher (den viele Wohnmobilisten unmittelbar nach ihrer Ankunft auf einem Platz anstellen), Telefonate etc.

Da ich so oft wie möglich draußen am Tisch des Wohnmobils arbeitete, was nach meinem Verständnis auch Konzentration brauchte, durfte ich schrittweise mehr lernen, die äußeren Geräusche auszublenden und mich mehr auf meine Gedanken und Arbeitsprojekte zu konzentrieren.

Aber noch mehr lernte ich, mich in dieser Privatheit auch im Außen zu zeigen.

Durch meine intensiven Theaterjahre war ich es sowieso schon gewohnt, mich recht offen und schnörkellos zu zeigen, authentisch und ohne Maske, doch hier nun, in diesen öffentlichen Momenten, wurde das noch mehr gefördert.

Ich verhielt mich also außerhalb des Wohnmobils dann so, wie ich mich eben auch verhalte, wenn ich z.B. auf einer sichtgeschützten Terrasse sitze.

Ich durfte wieder einmal erleben, dass ich als Mensch offen und transparent für andere bin, wenn ich so wenig wie möglich verberge.

Ich möchte dies an einem Beispiel deutlich machen:

Während einer Seminarwoche sah ich einen jungen Mann, der eine Beinprothese trug. Er trug sie offen sichtbar, weil er eine kurze Hose anhatte.

Es gab diesen einen kurzen Moment, in dem ich automatisch auf die Prothese schaute, um sie wahrzunehmen. Danach dann aber nicht mehr. Sein Gangbild war durch diese Prothese verändert. Hätte er nun versucht, sie zu verdecken, hätten sich andere Menschen im direkten Kontakt mit ihm vermutlich gewundert, warum er einen so eigenartigen Gang hat. So war es sofort klar. Er hat es nicht verheimlicht.

Wenn Menschen befangen sind, dann fällt eben genau diese Befangenheit im Kontakt auf, ebenso wenn wir versuchen, anderen Menschen etwas vorzumachen, merken diese das auch.

Aus dieser öffentlichen Lebensweise heraus sind viele herzliche

Situationen entstanden. Einfach und ungezwungen konnten Gespräche im Miteinander entstehen, Kontakte kamen schnell zustande, weil viele Menschen in dieser gegenseitigen Offenheit lebten.

In gewisser Weise liegt in dieser Form der Lebensgestaltung auch etwas Schutzloses.

Mir wurde sehr bewusst, wie schnell ich mich – und sicherlich auch die anderen Menschen sich – nach den jeweils eigenen Interpretationen der Regeln eines öffentlichen Lebens richte. Gesellschaftliche Konventionen, ein Verhaltenscodex geben vor, was erlaubt ist und was nicht. Doch schien es mir hier, in diesem kleinen – immer noch intimen – Bereich vor dem Wohnmobil möglich, offener und sichtbarer in einer persönlichen Authentizität zu leben.

Sicher liegt es daran, dass wir in solchen Situationen den anderen gar nicht so viel vormachen können – wir betreten also recht schnell den öffentlichen Bereich.

Ähnliches erlebte ich auf meiner dreiwöchigen Alpenüberquerung, die ich im Sommer 2016 ausführte. Die Menschen, die ich traf, waren in Wanderkluft unterwegs, alle hatten ein recht ähnliches Leben auf solch einer Langzeitwanderung. Funktionale Kleidung ist das Normale, es gibt keine Pumps und Krawatten und auch keine Kleidung, anhand derer wir den Status eines Menschen festmachen können. Dadurch sind sich nach meinem Verständnis die Menschen näher. Diese Nähe verstärkt sich noch durch den Effekt, mit vielen Menschen in einem Raum, Zimmer oder Matratzenlager zu schlafen. Mein Eindruck war, dass sich keiner mehr etwas vormachte: Alle wanderten, alle hatten teilweise sehr spektakuläre Erlebnisse, auch existenziell bedrohliche Situationen, alle trugen ihren Rucksack und alle hatten irgendwann nicht mehr die frischesten Socken. »So what!« Es stört nicht, es ist der

Spirit, der alle umgibt und der Nähe und eine Art von Ehrlichkeit und Purheit schafft.

Kurz gesagt: Bei all den Mühen (die wir Langzeitwanderer aber ja ganz freiwillig und bewusst auf uns nehmen) legen wir mehr und mehr die Masken ab. Ein befreiender Zustand.

WEIHNACHTEN – DEMUT UND DANKBARKEIT

Jetzt gilt es, das erste Weihnachten im Wohnmobil zu überstehen. Das wird wohl nicht ganz einfach. Oder? Ändert sich vielleicht auch hier meine Einstellung?

Was bedeutet denn eigentlich Weihnachten für mich? Als Kind liebte ich dieses Fest, die ganze Spannung und Aufregung, das Plätzchenbacken mit der Oma, den Weihnachtsmann (in dessen Kostüm ein Kollege vom Großvater steckte), die Geheimniskrämerei, den vielen Schnee. Manch eine Erinnerung an diese Kindertage sind in den kleinen Schwarz-Weiß-Fotos festgehalten, die ich in meinen kleinen Fotokisten untergebracht habe: ich in Strumpfhosen neben einem Kaufmannsladen stehend, im Schottenrock mit Blockflöte.

Später dann gab es eine Zeit, an die ich nicht so gerne denke. Dann aber wieder das Weihnachten im Wohnprojekt: Als junge Erwachsene lebte ich dort während meiner Ausbildungszeit – wir bauten ein ehemaliges Schwesternwohnheim in ein Haus für Wohngemeinschaften um. In die ersten Monate fiel das Weihnachtsfest, und da wir alle so sehr mit Studium, Ausbildung und den Umbauten beschäftigt waren, rutschten wir immer mehr zusammen. Es war eine tolle Stimmung und genau deshalb lud ein Teil von uns die eigenen Familien zu uns ins große Haus ein. Eine unvergessliche Erinnerung – auch dadurch, dass ich dort wieder einmal erlebte, mit wie wenig wir doch vieles bewirken können. Gemeinschaft teilen war das tief verbindende Prinzip.

Und ich erinnere mich an ein besonders schönes Weihnachten in Neuseeland – mit einem befreundeten Paar aus der Schweiz in einer kleinen Hütte am Wasser.

So purzeln sie in mein Gemüt, all diese Erinnerungen, und wühlen mich fast auf, mich mit meinem beginnenden Weihnachtsblues. Denn den habe ich. Es ist einer der Momente, in denen mir wieder einmal bewusst wird, dass ich das Schwere durchschreiten möchte, weil ich es sonst verdränge. Ich nehme die Traurigkeit an, sodass ich sie nicht verdränge und mit oberflächlicher – fast schon oberflächlich aufgesetzter – Leichtigkeit überdecke. Nein, ich durchschreite sie, lasse sie zu, um wenig später eine ehrliche Erleichterung zu spüren.

Der Ursprung des Weihnachtsfestes rutscht aus dem Fokus, in den Familien gibt es Streit, der mit üppigem Essen und intensivem Fernsehen überdeckt oder aufgeschoben wird.

Einladungen, gemeinsam den Heiligabend zu verbringen, gibt es in unseren beiden Familien nicht – mit einer Ausnahme: der Heiligabend mit meiner Tochter. Dieses Jahr werde ich auch das erste Mal ohne sie sein. Denn dieses Jahr feiert sie Heiligabend mit ihrem Vater – wie schön für die beiden.

Auch hier lasse ich los, anders geht es nicht. Aber was machen wir, N. und ich? Je mehr ich darüber nachdenke, umso mehr kommt für mich auch das Skurrile an diesem Heiligabend auf den Tisch. Da fiebern die Menschen wochen-, wenn nicht gar monatelang auf diesen Abend hin, geben Unmengen an Geld aus, schüren den Erwartungsdruck an besonders hochwertige, glückliche Stunden des Miteinanders. Der Ursprung dieses Festes rutscht aus dem Fokus, in den Familien gibt es Streit, der mit üppigem Essen und intensivem Fernsehen überdeckt oder aufgeschoben wird.

Weihnachten ohne Baum – da kommt sie schon, die nächste Frage. Aber darüber müssen wir nicht nachdenken, ein Baum würde die Platzverhältnisse im Wohnmobil noch einmal pointieren. Das lassen wir mal lieber ganz ...

Ein wenig nachdenklich und voller Geschichten und Emotionen verbringen wir drei Nomadinnen den Heiligen Abend schließlich im Harz, in Stiege, einem Ort, den ich von einigen früheren Fahrradtrips in meinem geliebten Ostharz noch kenne. Aber damals war Frühling oder Sommer, nun ist Winter, weiße Schneeflächen umsäumen die Wiesen und weiten Ebenen.

Durch die Winterlandschaft geht es bergauf, geschlungen über viele Kurven und geführt durch viele kleine Orte, die solch köstliche Namen tragen wie Sorge, Elend und Tanne. In Stiege parken wir dann einfach an dem kleinen See am Rande des Ortes – mit Blick auf Enten und das beleuchtete kleine Schloss.

Früh wird es dunkel. Was bleibt – so ganz in der Fremde – an einem Heiligabend? Dorthin gehen, wo alle sind – damit wird dann der Heiligabend-Gottesdienst zum Programm. Nebenbei sei mir erlaubt zu sagen, dass es auch keine anderen (kulturellen) Alternati-

ven zu erkennen gibt. Kalt, nass, müde, fünf Euro für die Kollekte in der klammen Tasche des Mantels, so sitze ich dann im Gottesdienst, in dieser Kirche, die selbst ein wenig verfroren und einsam daherkommt. Ein reisender Pfarrer, der mehrere Ortschaften betreut, hält den Gottesdienst ab.

Es gibt ein rührendes Krippenspiel; die Gemeinde scheint bemüht, allen Kindern eine Mitspielmöglichkeit bei dieser Inszenierung zu geben. Ich weiß aus eigener Erfahrung, dass wir als Eltern dann ein ganz anderes Erleben solcher Aufführungen haben als die anderen, unbeteiligten Zuschauer.

Ich nutze die Zeit, um anzukommen. Nicht nur örtlich, sondern auch mental. Ankommen aus diesen Monaten des Unterwegsseins in die Zeit zwischen den Jahren. Die Zeit, die ich bisher immer mit

Weihnachten verbunden habe. So eine gewisse Auszeit, eine Inzeit für sich und die Lieben, die Familie, das eigene ich.

Und nun sitze ich hier, das erste Mal mit N. in einer Kirche, ganz nah der ehemaligen deutsch-deutschen Grenze, die wir nun schon so oft auf unseren Fahrten überschritten oder gestreift haben. Auch meine Familie war vom Mauerbau und von der Teilung Deutschlands betroffen, wenn auch – zumindest in meiner Erfahrung als Kind – nicht so schmerzhaft wie viele andere Menschen.

Aber auch hier, nahe am ehemaligen Mauerstreifen, zu sitzen, stimmt nachdenklich. Wieso bauen Menschen immer wieder Mauern? Warum lehnen Menschen andere Menschen, andere Völker, andere Rassen ab? Womit begründen sie das? Was berechtigt Menschen, solch vernichtende Urteile über andere Menschen zu fällen, dass sie diese einmauern, verfolgen, öffentlich abwerten?

Das habe ich noch nie verstanden. Und hier, an diesem Abend, an diesem Ort in direkter Nachbarschaft zur deutschen Geschichte, denke ich wieder daran.

Ich selbst durfte in den letzten Monaten so oft meine Urteile über andere Menschen revidieren. Wenn ich früher dachte, dass da »irgendein Versager« in einem Wohnmobil haust, so weiß ich jetzt, dass es oft mobile Handwerker sind, die vor Ort auf Montage sind und die Lebenshaltungskosten reduzieren, um dadurch den Unterhalt für ihre Kinder bereitstellen zu können.

Es ist seltsam, in dieser Kirche zu sitzen, im christlichen Sinne Teil dieser Gemeinde zu sein, wenn auch nur für ein paar Stunden. Das gemeinsame Singen verbindet – ein wenig. Zum Ende hin das Geld für die Kollekte, ein Händeschütteln mit dem Pastor und dann geht es nach draußen. Die Kirche liegt schön, von dort aus können wir das Wohnmobil auf der anderen Seite des kleinen Sees sehen. Mit all den anderen Menschen steigen wir den Hügel hinab, verweilen noch einen Moment bei dem kleinen Bläserensemble weiter unten. Doch dann wird es kälter und dunkler, die Menschen verteilen sich in den Wegen und Straßen der Ortschaft, um dann in den heimelig beleuchteten Häusern zu verschwinden.

N. und ich gehen um den See, begleitet vom Schnattern der unzähligen Enten. Der Tag ist noch nicht zu Ende. Beim Ankommen vorhin haben wir das Wohnmobil einfach nur abgestellt, doch sind wir noch ohne Strom und frisches Wasser.

Was tun? Aber dann ist es ganz einfach, nach diesem Gottesdienst, wo – so schien es mir – alle Herzen in dieser kleinen Ortschaft warmherzig und offen sind. Es ist dann ganz leicht, an einem

Haus zu fragen, ob wir dort für eine Nacht unsere Kabeltrommel ans Stromnetz anschließen dürfen. Und ob wir sogar noch drei Gießkannen voller Wasser beziehen können. Mehr wollen wir nicht: den Strom für die Heizung, das Wasser zum Duschen, Trinken und Kochen. Es ist einer der schönsten Momente dieses Jahres, denn wie selbstverständlich bekommen wir alles Gewünschte. Damit bekomme ich ein neues Gefühl für das wahre Gesicht Weihnachtens.

Im Schutz der Dunkelheit tauchen wir dann später die Gießkanne in den See, neben dem wir Maggy abgestellt haben, um Wasser für unsere kleine Toilette zu bekommen. Das mutet mir sehr romantisch an und scheint auch die dortigen Enten nicht zu stören. Doch wäre es anders auch nicht möglich gewesen.

Hexe stromert noch draußen herum, will dann aber gleich mit uns ins Wohnmobil. Und hier nun, an diesem Heiligabend um 17.00 Uhr, beginnt unser kleines Weihnachten.

Ein Zweig wird oben an die Decke geklemmt und mit einer kleinen Lichterkette versehen, noch ein paar kleine bunte Glaskugeln daran. Eine Kerze auf dem Tisch, ein schönes Glas Sekt und ein gar köstliches Menü aus frischen Pilzen und Knödeln.

Unsere gegenseitigen Geschenke geben wir uns schon seit Monaten: den Zusammenhalt, das Aufeinander-Einschwingen und Schulter-an-Schulter-den-Weg-Gehen, ist ein unendlich großes und wertvolles Geschenk. Das ist uns beiden bewusst. Und dennoch wollen wir uns eine Minibescherung gönnen.

Später ist Zeit zum Telefonieren und Chatten, zum Feiern und Tanzen. Ein schöner Abend – unser kleiner Heiligabend im Wohnmobil in Stiege.

Zufrieden liege ich danach oben in meinem kleinen Bett, schaue auf den See, denke an meine Mutter – die im Himmel über mir wohnt – und genieße die Geborgenheit in unserem kleinen Reich. N. räumt noch ein wenig auf, schließt die Türen ab, und dann ist die Nacht gekommen.

Das Besondere an diesem Weihnachten waren:

- die Nähe zur Weihnachtsgeschichte – das Heimatlose,
- das Entwickeln eigener Rituale,
- die Erkenntnis, mit wie wenig eine weihnachtliche Stimmung möglich ist,
- das Wesen von Weihnachten, wie ich es bisher verstanden habe, zu erfahren: Hilfsbereitschaft, Nähe von anderen Menschen, Spiritualität.

Das Abenteuer Weihnachten kann aber mit wenigen Mitteln erlebbar werden, wenn wir uns nur von den üblichen Routinen lossagen.

Denn wenn ich an die Weihnachtsgeschichte denke, die ja doch ein wesentlicher Teil unserer Kultur ist, dann waren auch Maria und Joseph unterwegs. Sie hatten kein Bett in einer Herberge gefunden. Ähnlich wie wir.

Ein Denkanstoß für all diejenigen, die an den Feiertagen zu viel tun und für die wahren Begegnungen und Zeremonien keine Aufmerksamkeit mehr haben. Ein Denkanstoß, sich – gerade zu Weihnachten – auf ein anderes Abenteuer einzulassen. Die einen feiern Weihnachten mit Baum und Gans – traditionell. Andere wieder flüchten in die Karibik oder auf die Kanaren. Das

Abenteuer Weihnachten kann aber mit wenigen Mitteln erlebbar werden, wenn wir uns nur von den üblichen Routinen lossagen.

PASS GUT AUF DICH AUF

»Pass gut auf dich auf« oder »Gute Reise« wünschen wir den Menschen, die aufbrechen.

Selbst der morgendliche Aufbruch aus dem Haus zur Arbeit ist in vielen Familien und Wahlfamilien ein Anlass, sich »Alles Gute« zu wünschen.

Wer in einen Urlaub aufbricht, selbst wenn es nur zehn Tage sind, der versucht meist, vorher noch so viel wie möglich in Ordnung zu bringen. Vermutlich mit der Absicht, nach dem Urlaub nicht damit konfrontiert zu sein, sondern ankommen zu können und die Erholung wirken zu lassen, um dann z.B. wieder frisch an die Arbeit gehen zu können.

Brechen wir also auf, dann kann es gut sein, noch zu schauen, wo und wie ich noch etwas in Ordnung zu bringen habe.

Wenn ich das sage, spreche ich nicht nur von Stromrechnungen, sondern von Beziehungen, von Menschen, von Aufgaben, für die wir verantwortlich sind.

Als ich mich im Jahr 1992 auf den Weg nach Neuseeland machte, da wusste ich nicht, wie lange ich wegbleiben würde. Ich hatte – ähnlich wie zu Beginn des Wohnmobiljahres – all mein Hab und Gut sortiert, das meiste verschenkt und weggegeben, vieles verkauft und weniges aufbewahrt. Ich hatte meine Papiere geordnet, mich von meinem Arbeitsplatz verabschiedet, mit Freunden und Freundinnen Verabredungen getroffen und als Schwerstes: mich von meiner Familie verabschiedet. Es gab die wichtigen, letzten Besuche, die guten Wünsche. Es gab auch ein Fest. mit einem lachenden und einem weinenden Auge nahm ich Abschied. Mich begleiteten die guten Wünsche, doch ebenso begleitete mich auch, dass alles in Ordnung war.

Ich hatte all meine Bereiche des Lebens geprüft, wo noch etwas zu tun war. Und konnte, nachdem ich alles, was mir bewusst war, geklärt hatte, mit einem leichten Herzen losfahren.

Wie schön und wertvoll ist es, wenn eine Entschuldigung oder ein Um-Verzeihung-Bitten noch im richtigen Moment ankommt.

Ähnlich war es jetzt auch. Und der Wunsch von Freunden »Pass gut auf dich auf!« meint nach meinem Verständnis alles: die guten Wünsche für den Weg, aber auch das Aufpassen selber, dass alles gut ist.

Und das In-Ordnung-Bringen, wo noch etwas in Ordnung zu bringen ist, sodass wir gut aufbrechen können.

»Verschiebe nicht auf morgen, was du heute kannst besorgen.« Mit diesem Satz sind viele Kinder und Heranwachsende in meiner Generation groß geworden. Gewiss hat er seine guten Seiten – er erinnert daran, wie gut es sich anfühlt, wenn eine Aufgabe erledigt ist.

Aber er kann auch dafür sorgen, dass Menschen sich überlasten, dass sie das Gefühl haben, nicht fertig zu werden, und womöglich mit ihrem eigenen, kreierten Perfektionismus in einen Konflikt geraten.

Wie schön und wertvoll ist es, wenn eine Entschuldigung oder ein Um-Verzeihung-Bitten noch im richtigen Moment ankommt.

Wie wohltuend die Vorstellung, dass ein »Danke« noch rechtzeitig ankommt.

Es gibt diesen Satz, den Sie vielleicht auch kennen: »In China ist ein Sack Reis umgefallen!« Laut Wikipedia steht diese Aussage für eine umgangssprachliche Metapher für ein unwichtiges Ereignis. Mit dieser abfällig scherzhaft verwendeten Floskel drückt der Sprecher sein Desinteresse aus oder signalisiert die von ihm empfundene Bedeutungslosigkeit eines Themas.

Immer wieder überraschend finde ich es, zu erleben, was mein Verhalten für andere bewirkt. Es kann z.B. eine Situation verbessern oder verschlechtern.

Stellen Sie sich folgende Situation vor: Supermarktkasse. Dort stehe ich bereits neben dem mit allerlei Lebensmitteln vollgepackten Transportband an der Kasse in der Schlange.

Durch eine – vielleicht unvorsichtige – Bewegung schiebt mir der Kunde hinter mir seinen Einkaufswagen in den Hacken.

Je nach Schmerz habe ich ja ganz unterschiedliche Reaktionsmöglichkeiten. So könnte ich

- vor mich hingrummeln,
- mich umdrehen und ärgerlich schauen
- oder auch einfach »Aua« sagen,
- nichts weiter tun
- oder noch etwas ganz anderes tun.

Und ebenfalls können die möglichen Folgen und Konsequenzen die Bedeutung verändern.

Angenommen mal, der kleine Schmerz an der Ferse lässt nach wenigen Minuten nach, dann ist es schnell wieder gut. Da bin ich sicher mit einem freundlichen Lächeln des Menschen, der mich angefahren hat, versöhnt.

Nun eine ganz andere Variante:

Durch den Kontakt zum Einkaufswagen ist die Haut an der Ferse aufgerissen, eine Wunde ist entstanden, die blutet. Die Haut ist stark verletzt, sodass die Heilung einige Tage dauern wird. Mal angenommen, ich kann in den kommenden Tagen keine festen Schuhe anziehen. Und mal angenommen, ich wollte in drei Tagen zu einem Marathon-Ereignis fliegen, auf das ich mich seit Monaten freue, worauf ich ebenfalls in vielen, vielen Stunden hintrainiert habe, und welches dann auch noch solch ein besonderer Marathon ist wie der in New York, den ich mir zum 50. Geburtstag geschenkt habe.

Nur mal angenommen, der Start zu diesem besonderen Marathon (der meist sehr kostspielig ist) ist nun aufgrund der Verletzung nicht mehr möglich. Was dann?

Reicht dann das Lächeln des Kunden hinter mir, um meinen Verlust auszugleichen? Vermutlich nicht. Selbst ein »Entschuldigung« macht diesen Frust vermutlich nicht wett.

Eine spannende Frage – die für mich den Aspekt der Wiedergutmachung einbezieht.

Kann der Mensch hinter mir dieses verloren gegangene Erlebnis, auf das ich mich seit Monaten freue, wiedergutmachen? Er kann doch nicht zaubern.

Vermutlich würde es für mich einen Unterschied machen, wenn er nun anbietet, den entstandenen Schaden mit auszugleichen. Sicher würde meine Reiserücktrittskostenversicherung einen Teil der Stornokosten etc. übernehmen. Aber das Erlebnis – die Vorfreude, die ich jetzt nicht habe. Zu den Arztbesuchen oder der Ruhigstellung des Fußes kommt der Verlust dieses Erlebnisses.

Welche Ideen kommen Ihnen in den Sinn, wenn Sie sich dieses Beispiel vorstellen?

Eine Idee von mir ist, dass er mir anbietet, bei der Ermöglichung einer ähnlich attraktiven Marathonveranstaltung teilzunehmen.

Solch eine Wiedergutmachung kann einen sehr intensiven Lebensmoment ermöglichen.

Vor Kurzem habe ich mit einem bestimmten Verhalten meiner besten Freundin eine Situation geschaffen, die sie nicht mochte. Erst merkte ich das gar nicht. Dann aber sprach sie mich darauf an. Und wie gut hat es getan, sie anzuschauen und zu sagen: »Das tut mir wirklich leid. Ich hatte diese Absicht nicht. Bitte verzeih mir.« Und sie dann auf ein leckeres Abendessen einzuladen.

Einen ganz besonderen Moment hatte ich vor nicht allzu langer Zeit. Da hatte ich gerade noch Zeit, meinem Vater für all das zu danken, was ich an Eigenschaften und Haltungen von ihm geerbt habe, die ich sehr an mir schätze und für die ich ihm wirklich dankbar bin.

Kurz darauf ist er im sehr hohen Alter eingeschlafen. Es war für uns beide ein besonderer Moment.

Vieles, was Menschen sich selber oder anderen nicht verzeihen, kann sich ähnlich aufstapeln wie alte Zeitungen auf der Küchenbank. Auch diese nehmen Raum ein.

Es gibt tausendundeine Möglichkeiten, einem Menschen wehzutun. So, wie es auch unzählige gibt, jemandem etwas Gutes zu tun.

Mit einer Bitte um Verzeihung ist schnell etwas wieder gut. Gerade dann, wenn durch ein Fehlurteil unsererseits etwas Unangenehmes entstanden ist.

Es tut dem anderen Menschen oft gut, wenn wir sagen: »Hey, ich habe mich geirrt, da habe ich dir Schuhe angezogen, die nicht deine sind. Ich habe dich falsch beurteilt, verzeih, damit habe ich dir wehgetan und für dich einen blöden Moment geschaffen.«

In diesem oder ähnlichen Sätzen liegt die Anerkennung, dass ich wahrgenommen habe, welche Folgen meine Be- oder Verurteilung für den anderen hatte. Ich erkenne seinen Schmerz, seine Verwundung oder Traurigkeit an. Ich lasse sie als berechtigt gelten und weiche nicht aus, weil ich seine Traurigkeit oder seinen Schmerz nicht aushalten kann. Das fällt nach meiner Erfahrung vielen Menschen doch schwerer, als ich dachte: es auszuhalten, wenn ein anderer Mensch leidet. Und sie damit etwas zu tun haben. Dies ist auch der Grund, warum der Satz »Wie kann ich es wiedergutmachen?« manchen Menschen schwer von den Lippen kommt. Sie wissen nicht, was sie dann tun können.

Dabei sind Mitgefühl, Empathie und Verständnis meist angebracht. Auch Trost kann viel Gutes bewirken.

Es tut so gut, sich und anderen Menschen zu verzeihen.

Wenn wir Frieden in unserem Familiensystem haben, können wir die Liebe und auch die Verbundenheit fühlen. Wenn alles Wesentliche ausgesprochen wurde, dann kann das der Auslöser für tiefe Glücksgefühle sein. Und dann kann es auch Situationen geben, in denen Briefe, Telefonate oder gemeinsame Aktivitäten eine herzliche Wohltat für beide Seiten sein können.

Ich lade Sie ein, sich Zeit zu nehmen, aufzuschreiben, mit welchen Menschen in Ihrem System Sie noch etwas klären, verzeihen oder besprechen möchten. Damit Sie es, wenn es für Sie eine wichtige Bedeutung hat, noch im passenden Zeitfenster tun können.

Es ist auch sehr gut möglich und meist notwendig, sich für bestimmte Dinge zu bedanken, sie aber freundlich zurückzugeben.

»Liebe Großmutter, Du hast mich dazu erzogen, dass ich nichts aufschiebe, sodass ich jeden Tag all meine Aufgaben erledige. Ganz nach dem Motto: Erst die Arbeit, dann das Vergnügen. Diese Haltung und Prägung von Dir hat mir gute Dienste geleistet. Dadurch bin ich sehr rechtschaffen geworden, Sorgfalt und Zuverlässigkeit sind auch mir wichtig. Doch nun möchte ich es Dir zurückgeben. Ich möchte meinen Prinzipien jetzt mehr Aufmerksamkeit geben. Ich möchte es auf meine Weise tun. Hab ganz vielen Dank dafür. Deine Barbara.«

So oder ähnlich kann ein innerer Monolog oder auch ein Brief an die Großmutter sein.

Es können auch Briefe sein, die ich erst einmal schreibe, um mir etwas von der Seele zu schreiben. Briefe waren meine wertvollste Variante, die Eindrücke meiner Neuseelandreise 1992 und 1993 zu verarbeiten. Die Schachtel mit den Briefen an meine Mutter habe ich immer noch.

ROUTINE WAR GESTERN – WIR BRAUCHEN NEUE GEWOHNHEITEN

Durch das Ändern von Routinen entsteht Achtsamkeit.

So vieles musste neu gelernt werden. Anderes, nämlich vertraute Routinen und Gewohnheiten, musste ich mir abgewöhnen. Manches davon fehlte mir sehr und ließ sich so schnell nicht mehr ersetzen. Allen voran waren das mein Haus, Terrassen- und Gartengewohnheiten, diese musste ich durch andere Draußen-leben-Aktivitäten ersetzen. Auch mein Sportprogramm fehlte mir, die vertrauten und geliebten Laufstrecken und das Studio, in dem ich eine Zeit lang recht regelmäßig trainierte.

Jammern hilft nichts, sagte ich mir selber immer wieder.

Jammern hilft nichts, sagte ich mir selber immer wieder.

Gerade in den ersten Wochen erlebte ich tagtäglich Situationen, in denen ich mit meinen bisherigen Gewohnheiten und Routinen nicht mehr zurechtkam.

Und die Tage waren aufgrund der nicht vorhandenen Routine im Außen so voll, denn die Bewältigung des Alltags war aufwendiger als vorher, sodass ich am Abend noch zu tun hatte. Wie wertvoll, aus diesem Gewohnheitsrad herausgeworfen worden zu sein, um neue Erfahrungen zu machen.

»Rhythmus ersetzt Kraft«, sagte der Anthroposoph Rudolf Steiner. Gleich zu Anfang unserer Reise nahm ich dieses Zitat mit in meine täglichen Gedanken auf und erkenne seitdem darin eine Erklärung, warum der Alltag eine andere Schwere als vorher bekommt.

Dieses Phänomen hatte so seine Magie für mich, denn es bescherte mir Momente und Erkenntnisse, von denen ich nicht wusste, dass sie so möglich sind.

Denn die Aufgaben des Alltags erfüllten mich, weil sie zu tun sind. Im Wohnmobil musste erst mein mobiles Büro vom einzigen Tisch weggeräumt werden, und zwar alles wieder an den dafür vorgesehenen Ort, damit ich daran eine Mahlzeit einnehmen konnte. Diese Prozesse kosteten meine Aufmerksamkeit, sie waren weitaus komplexer und aufwendiger als in einer normalen Wohnung oder einem Haus.

Es war für mich faszinierend, dass ich plötzlich mehr erlebte, statt weniger. Die Dinge des Alltags nahmen mich sehr ein. Jeder Tag war anders, so war es aber jeden Tag gleich, im Wohnmobil Ordnung zu halten, immer wieder zu räumen und nach allem zu schauen. Das erhöhte mein Bewusstsein für die tägliche Fürsorge und Pflege des Wohnmobils und des gesamten Inhalts.

Die Aufgaben nahmen mehr Raum ein, sie beanspruchten mehr Zeit und Weitsicht, meine Voraussicht wurde mehr gefordert als sonst. Da alles mit allem zusammenhing und nicht mal »eben liegen gelassen werden konnte«, brauchte es diese Aufmerksamkeit. Dadurch nahm ich aber all die vielen kleinen Alltagsaufgaben sehr bewusst wahr. Denn auch manch ein Fehler hatte schnell fatale Folgen.

In diesem Jahr hatte ich oft so eine Ahnung: Ich sah Bilder aus dem vergangenen Jahrhundert – oder sogar noch dem davor. In einem Film über das Leben der Margarete Steiff sah ich solche Szenen. Die Menschen sitzen abends eben nicht vor dem Fernseher, sondern sind noch mit dem Tagwerk beschäftigt: Sie nähen noch, stopfen oder stricken noch Strümpfe. Sie reparieren Dinge und nutzen das Tageslicht, so lange es geht. So hielt ich es auch. Natürlich waren im Sommer die Tage länger als im Winter. Da war es dann umso wichtiger, sinnvolle Aufgaben am Abend zu finden. Obwohl ich noch nie viel fern gesehen habe, habe ich es mir in diesem Jahr nahezu abgewöhnt.

»Aha, ihr seid raus aus der Komfortzone« – dieser Satz fällt oft, ich kann ihn schon nicht mehr hören. Wenn es gar keine Komfortzone gibt? Aber doch, die gibt es, wenn auch im Kleinformat. Die Plätze, die in der Unbeständigkeit Beständigkeit bieten: mein Bett gleich oben unterm Dach, mein Platz auf der Sitzbank und der ausklappbare Stuhl draußen vor Maggy.

Und selbst außerhalb der Komfortzone gibt es Komfortzonen. Dort richten wir uns unweigerlich wieder ein. Gewohnheiten und Routinen entstehen, greifen nach unseren Sehnsüchten nach Einfachheit, Sicherheit. Das Trott-Gen klebt schnell wieder an uns Menschen fest. Selbst im Loslassen greifen wir zu, fassen wir nach Etwas, was Halt gibt, was das Loszulassende ersetzt.

Meine neuen Komfortzonen außerhalb der Komfortzone sind Tagesabläufe, kleine, sich wiederholende Tätigkeiten, aber auch materielle Aspekte wie: meine Bettseite, meine Sitzbank auf meiner Tischseite. Meine Küche, meine Ordnung im Kühlschrank. Das ist schon eigenartig, und vorher wurde es mir nicht bewusst.

Selbst in dieser Zeit des Aussteigens aus der »Normalität« gibt es in kurzer Zeit eine eigene, eine neue Normalität.

Was für ein Leben! Jeder Tag ist anders, jeder Tag fordert mich/uns anders, jeder Tag macht reich.

Das Verlassen der Routinen war nicht leicht, aber einer der wichtigsten Faktoren für die intensiven Momente, denn kaum etwas war vorhersehbar.

DAS MITEINANDER

Ein paar Tage später ist sie wieder da: diese – verdammt noch mal – so angespannte Stimmung ... subtil schwelt sie auf den wenigen, kleinen Quadratmetern, die wir unser Eigen nennen.

Unsicherheit im Umgang miteinander macht sich breit und keine weiß so recht, wie sie mit der anderen umgehen soll. Hätten wir eine Stecknadel an Bord, würden wir sie fallen hören. Noch weitaus schlimmer ist die Vorstellung, dass jetzt jemand zu Besuch käme, er oder sie würde sich unverzüglich gleich wieder hinausbewegen – so dick ist die Luft.

Wie einfach ist es in einer Wohnung oder sogar einem Haus, wenn man sich aus dem Wege gehen will. Tür zu, Treppe rauf oder runter, und schon hat man ein wenig Luft. Zumindest kurzfristig, so lange, dass es reicht, das Gemüt ein wenig zu kühlen.

Hier geht das nicht. Gut, eine von uns kann einfach rausgehen. Klar, auch bei Regen oder auch bei Schnee. Gerade dann, wenn das Wetter allzu ungastlich ist, fällt es noch schwerer. Also ran, aufschieben ist keine Lösung. Dazu laufen wir uns hier immer wieder über den Weg – aber was heißt laufen? Eine steht doch sowieso immer im Weg. Und auch das war ein wochenlanger Lernprozess – anzuerkennen und zu akzeptieren, dass eine von uns der anderen immer im Weg ist – bis auf drei Ausnahmen: wenn eine im Bett liegt, im Badezimmer ist oder sich draußen aufhält.

Nun aber ist es wieder so weit. Es ist kein Streit – so möchte ich es nicht nennen –, es ist die Vorstufe oder das rot blinkende Warnzeichen dafür.

So sehr ich in meinen bisherigen Jahren als Trainerin das Thema Kommunikation trainiert und unterrichtet habe, so sehr bin ich mir dann selber im Wege, wenn es drauf ankommt. Und vielleicht gerade, weil ich so viel darüber weiß, bin ich oft genug unfähig, einen guten Weg zu finden.

Hier dürfen wir lernen. Auch jetzt wieder. Spürbar schieben wir beide den notwendigen Gesprächsanfang vor uns her. Je länger ich überlege, was ich denn nun wie sage, desto mehr wertvolle Zeit verstreicht, um eine Begegnung einzuleiten, anzubahnen. Der Anspruch an den ersten Satz wächst von Minute zu Minute. Aber das macht es auch nicht besser!

»Meine Güte, was bist du doof«, spreche ich mir selber zu – das Level der persönlichen Ermutigung reicht noch nicht aus.

N. sieht mich an. Und dann geht es, die Worte kommen. Erst zaghaft, noch in holperigen Sätzen. Wir brauchen Stunden, um all das zu klären, was sich in den letzten Tagen hier auf diesen wenigen Quadratmetern Lebensraum angesammelt hat.

Wir brauchen Stunden, um all das zu klären, was sich in den letzten Tagen hier auf diesen wenigen Quadratmetern Lebensraum angesammelt hat.

Situation für Situation säubern wir – fegen den Staub und die Spinnenweben ab, ziehen Bilanz und vergleichen unsere Eindrücke. Das ist Fleißarbeit, und wir verbrauchen sicher zwei Kannen Kaffee und zwei Kannen Tee dabei – am Ende dann eine Flasche Prosecco, um den Sieg über unsere überwundene Sprachlosigkeit zu feiern. Ein Fernsehabend oder auch Kinobesuch wäre langweiliger gewesen – hier passiert das Leben in Echt!

Hexe hat sich sehr zurückgenommen, sie hat die Zeit genutzt, ein wenig auszuruhen, das Fell zu putzen und sich dem geliebten Rein-und-raus-Spiel hinzugeben.

Am späten Abend resümieren wir noch einmal, beschließen neue Regeln, wie wir das beim nächsten Mal gleich besser schaffen.

Fazit: Hier in diesem Lebensraum Wohnmobil und dem Konzept, stets unterwegs zu sein, können wir nichts wirklich aufschieben – jedes Missverständnis fällt auf, jede Irritation kostet Aufmerksamkeit. Uns beiden wird mehr und mehr bewusst, wie fein wir uns hier abstimmen müssen. Das Aufschieben von eigenen Bedürfnissen, der anderen oder der Situation zuliebe, bringt nichts. Außer Ärger. Denn alles Runtergeschluckte zeigt sich in Anbetracht der hohen Präsenz und Anwesenheit der anderen ständig; es kommt quasi wie ein Bumerang sofort zurück. Wir können so gut wie nichts verheimlichen – denn es ist einfach spürbar.

In diesem Wohnmobiljahr lernte ich mich noch einmal neu kennen. Denn auf diesem engen Raum kommen sich die Menschen nah. Da kann man auch nichts mehr verheimlichen – irgendwie ist fast alles sichtbar. Die unangenehmen Eigenschaften fallen meist noch mehr auf als die angenehmen. Letztere gehen im Alltag schneller unter. Umso wichtiger waren sie uns, weil wir beide von den positiven Eigenschaften der anderen immer wieder profitiert haben.

N. konnte über Stunden Auto fahren, auch nachts oder ganz in der Frühe. Sie war immer diejenige, die nach dem Wohnmobil sah, die sich um die Technik und die ganzen An- und Abfahrtsmanöver kümmerte. Sie war diejenige, die abends noch alles wegräumte und die Tür schloss. Sie blieb immer so lange auf, bis die Katze von ihren abendlichen Ausflügen zurückkam.

Ich hingegen konnte stundenlang auf dem Beifahrersitz sitzen und arbeiten. Mir war es möglich, »mal eben schnell« eine Mahlzeit zuzubereiten, und ich hatte mehr und mehr einen ausgefeilten Riecher für einen guten Stellplatz für die Nacht.

In diesem Jahr lebte ich eine ganz neue Form von Gemeinschaft. Nicht nur unsere kleine Crew im Wohnmobil, nein, auch die vielfältigen Begegnungen in meinen Seminaren, bei Vorträgen und anderen Veranstaltungen bereicherten mich. Wobei ich in diesem Jahr noch einmal mehr sorgfältig schaute, wie ich mit anderen Menschen zurechtkomme und was es braucht, dass es leichter geht. Also auch hier mehr Selbstreflexion, mehr Klarheit und mehr Aufmerksamkeit. Gerade durch das unstete Leben erfuhr ich sehr intensiv, wie wertvoll es ist, mit Menschen nah und verbunden zu sein. Lieber einen Menschen einmal mehr umarmen als einmal zu wenig – ist eines meiner Resultate. Lieber ein gutes Wort zu viel als zu wenig.

»Wenn wir unser Verhalten nach ethischen Regeln ausrichten, kommen wir mit den Wechselfällen des Lebens zurecht.«

DALAI LAMA

Das sagt sich so einfach, doch haben wir in diesem Jahr beide gelernt, bestimmte Verhaltensweisen abzulegen. Ganz im Sinne eines Minimalismus überflüssiger Verhaltensweisen. Denn sie waren uns an Bord zu viel, sie behinderten uns im Miteinander.

Das eigene Verhalten ist in gewisser Weise angelernt, denn selbst die kleinsten Kinder beobachten Erwachsene, wie sie die Dinge tun und auch, wie sie miteinander umgehen. Sie sind damit ebenso Vorbild und Modell wie Lehrer und andere Autoritätspersonen.

Viele Kinder erfahren, dass sie für ihr Verhalten gelobt oder auch bestraft werden.

Das können sanfte Hinweise sein, wie eine Erklärung, ein Feedback; sie reichen aber auch hin zu Strafen und anderen Ermahnungen. Auch Taschengeldentzug, Fernsehverbot oder Arrest waren früher gängige Formen, einem Menschen unerwünschtes Verhalten abzugewöhnen.

Wie unser Verhalten beeinflusst wird, durch wen oder was, damit beschäftigt sich eine eigene Wissenschaft – die Verhaltenspsychologie.

Meist wird unser Verhalten durch andere Menschen beeinflusst, die uns prägen und/oder eine wichtige Bedeutung für uns haben. Deshalb möchte ich hier nur bestimmte Aspekte aufgreifen, die aber vielleicht neu für Sie sind.

Wollen wir das Leben und uns intensiver spüren, dann gehört auch die Betrachtung von Verhaltensweisen dazu, die wir beibehalten oder loswerden wollen.

Welches Verhalten ist überflüssig? Und zwar auf beiden Seiten – auf der eigenen Seite und auf der Seite der anderen.

Viele Menschen kennen Phasen im Leben, in denen sie sich von einem bestimmten Verhalten verabschieden wollen. Ein paar Kilos weniger, das Rauchen lassen, weniger Handy, weniger Alkohol, stattdessen dann andere, womöglich bessere Gewohnheiten oder Verhaltensweisen wie mehr Sport, mehr gesundes Essen, mehr Natur, mehr Nein oder Ja sagen, je nachdem.

Nicht immer ist das Aufgeben eines Verhaltens leicht, viel zu sehr sind wir Gewohnheitstiere.

Wissen Sie, welches Verhalten Sie am liebsten loswerden möchten?

Ist Ihnen bewusst, welches Verhalten wofür genau gut ist?

Haben Sie eine Ahnung, wo Sie sich vielleicht etwas vormachen? Natürlich gehe ich mit gutem Beispiel voran und verrate Ihnen jetzt mal, wie ich mir Dinge schönrede. Also, das geht so: Um den inneren Schweinehund zu besänftigen, rede ich mir ein, dass das Wetter nicht so gut ist zum Laufen. Oder dass es jetzt viel besser ist, statt den Artikel zu Ende zu schreiben, auch einmal das Haus zu putzen. Ich suche mir also eine Ausrede, die in meinen Augen legitim ist.

In diesem Jahr im Wohnmobil konnte ich situationsbedingt viele bisherige und vertraute Verhaltensweisen sein lassen und aufgeben. Ich lernte dabei, sehr vieles zu hinterfragen, nämlich, was ich bisher auf welche Weise gemacht hatte.

So ließ ich vieles weg – allem voran das Fernsehen. Es gab keines.

Ein Minimieren kann auf verschiedenen Ebenen durchgeführt werden – und auch hier hilft das pragmatische Auflisten:

- Welche eigenen Verhaltensweisen haben Sie? Welche empfinden Sie als förderlich, nützlich und hilfreich?
- Welche möchten Sie loswerden, welche belasten Sie, sind Ihnen im Weg oder dienen beispielsweise nicht Ihrer Gesundheit oder Ihrem Wohlbefinden?
  - gekränkt sein, neidisch sein, rechthaberisch sein, rauchen, übermäßiger Alkoholkonsum, zu viel Essen, zu wenig Sport, unmäßiger TV-Konsum sind einige Beispiele.
- Welche Verhaltensweisen schaden Ihnen womöglich?
- Was steckt hinter diesen als überflüssig erkannten Verhaltensweisen? Was ersetzen diese vielleicht?

Kennen Sie diese Geschichte aus dem Zen-Buddhismus?

Ein Schüler fragte einmal seinen Meister, warum dieser immer so ruhig und gelassen sein könne.

Der Meister antwortete: »Wenn ich sitze, dann sitze ich. Wenn ich stehe, dann stehe ich. Wenn ich gehe, dann gehe ich. Wenn ich esse, dann esse ich …«

Der Schüler fiel dem Meister ins Wort und sagte: »Aber das tue ich auch! Was machst du darüber hinaus?«

Der Meister blieb ganz ruhig und wiederholte wie zuvor: »Wenn ich sitze, dann sitze ich. Wenn ich stehe, dann stehe ich. Wenn ich gehe, dann gehe ich ...«

Wieder sagte der Schüler: »Aber das tue ich doch auch!«

»Nein«, sagte da der Meister. »Wenn du sitzt, dann stehst du schon. Wenn du stehst, dann gehst du schon. Wenn du gehst, dann bist du schon am Ziel.«

Werden Sie sich, wenn Sie mögen, Ihrer überflüssigen Gewohnheiten bewusst.

Statuieren Sie ein Exempel, um sich Ihrer vielen kleinen Bewegungen, Ticks, Gewohnheiten und Allüren bewusst zu sein. Und glauben Sie mir, es funktioniert. Ich habe diese Aufgabe selbst mehrfach ausgeführt, weiß also, wovon ich spreche. Und sie macht Spaß!

Also. Sie brauchen einen Stuhl und eine Stunde Zeit.

Und dann setzen Sie sich auf diesen Stuhl. Alleine, keiner sollte Sie beobachten können. Setzen Sie sich so entspannt wie möglich in diesen Stuhl, rutschen Sie gerne weiter runter, lassen Sie die Arme hängen, und machen Sie nichts. Keine Musik, kein Handy, kein TV. Einfach nur sitzen.

Und dann achten Sie bitte darauf, wann, wie und wo Sie einen Impuls verspüren, sich zu kratzen, ein Auge zu reiben oder nach dem Handy greifen zu wollen. Oder so etwas in der Art.

Vielleicht geht es Ihnen wie mir: Irgendwo juckt es immer. Ständig ist etwas. Es ist fast nicht möglich, nichts zu tun, außer dort zu sitzen.

Da ich diese Übung schon kenne, weiß ich um die Erkenntnis, die ich daraus bisher immer gewonnen habe, das motiviert mich.

Menschen, die diese Übung ausführen, lernen oft etwas ganz Entscheidendes: die Kunst, sich auf sich selber zu konzentrieren und der Ablenkung immer weniger Aufmerksamkeit zu schenken.

Eine, wie ich immer wieder finde, sehr tiefe Erfahrung, die sich leicht auf das ganze Leben übertragen lässt.

Denn genau darum kann es bei der Suche nach diesem puren Leben, nach Ihrem Leben gehen: bei sich zu bleiben, sich auf das zu sammeln und zu konzentrieren, was wir als unsere Aufgabe erkannt und angenommen haben. Und sich nicht ablenken zu lassen.

Nur eine Sache zu einer Zeit? Minimalismus im Moment statt Multitasking – so könnte ich es umschreiben.

Multitasking heißt sie, diese angebliche Fähigkeit, vieles auf einmal zu bewältigen, während des Telefonierens die Wäsche aufzuhängen. In vielen Momenten sicher eine gute Gabe und Möglichkeit, vieles unter einen Hut zu bringen. Doch andererseits auch eine Einladung zu Hetze und Oberflächlichkeit, denn Tiefgang, Ruhe und Konzentration bleiben in solchen Momenten auf der Strecke. Das ist sogar messbar. Die Konzentrationsspanne sinkt durch das andauernde Gewimmel von blinkenden Bildchen und Icons und ständigen Signaltönen um uns herum. Sie liegt mittlerweile nur noch bei wenigen Sekunden. Sogar Regenwürmer sind da besser als wir Menschen, haben Forscher herausgefunden. Doch zum Glück können wir das ja ändern und klarer werden in unserem Denken.

Nur eine Sache zu einer Zeit? Wie ein Kind, das versonnen einer Schnecke zuschaut, wie diese an einem Salatblatt mümmelt?

Auch mir gelingt das nicht immer. Während ich spazieren gehe, kommen mir gute Ideen für einen Vortrag. Das passiert mir auch mitten in einem anregenden Gespräch oder beim Kochen.

Während wir eine Straße entlanggehen, chatten?

Beim Zeitunglesen mit dem Menschen auf der anderen Seite des Frühstückstisches reden? Worauf richten wir unsere Aufmerksamkeit? Und wie viel Prozent unserer Aufmerksamkeit geht dahin?

Für unser Miteinander an Bord war es sehr wertvoll, unsere gewohnten Verhaltensklassiker zu hinterfragen.

Da gibt es zum Beispiel die überflüssigen Verhaltensweisen im Sinne von Reaktionen. Hier ist eine Auswahl:

- **Recht haben wollen.** »Willst du recht haben oder Frieden?«, sagt ein Freund von mir. Beides geht nicht. Die Beharrlichkeit, auf seinem Recht zu bestehen, kostet viel Kraft. Es braucht Argumente und Diskussion statt eines gemeinsamen Weges zur Lösung. Wie oft denken Menschen, dass sie im Recht sind? Oft genug. Weil es ja so ist, wie sie ihre Realität konstruiert haben. Eine wichtige Frage ist dabei, ob es diese Menschen persönlich weiterbringt, wenn sie im Recht sind? Überschreiten sie womöglich die Grenzen des Gegenübers? Sind sie vielleicht rücksichtslos oder rechthaberisch, bevormundend? Mich brachte recht zu haben nicht weiter, weitaus hilfreicher war es, zu schauen, wie alle Beteiligten miteinander aus einer schwierigen Situation herauskommen, wie sie zusammen eine Lösung finden.

- **Empörung.** »Kind, ich kann dich nicht verstehen!« So klingt ein typischer Satz von Eltern, die sich so etwas wie eine neue Idee ihres erwachsenen Kindes anhören. Die ehrliche Gegenfrage könnte lauten: »Was brauchst du, damit du mir kognitiv folgen kannst?« Denn es handelt sich nicht um ein Verständnisproblem, oder denken Sie das? Nein, es scheint die schlichte Empörung. »Das kann sie doch nicht machen!«, höre ich jemanden anderen sagen. Es klingt entrüstet, empört, ein moralischer Konflikt, der sich innerlich gegen jemand anderen richtet. Vielleicht noch mit starken Emotionen einhergehend – die sich gerade darin auftun, dass der andere, das Gegenüber sich eben so verhält, wie »man es nicht versteht.« Empörung ist ein diffuser, unklarer Zustand, der lediglich ein Stellvertreter für etwas Darunterliegendes ist. Dazu hatten wir an Bord keinen Platz – eine Empörung war wie ein Umweg, der eben nicht zum Ziel führt.

- **Gekränkt sein.** Kränkungen gehören zum Leben. Sie berühren unser Selbstwertgefühl. Insbesondere dann, wenn unser Selbstwertgefühl geschwächt ist, fühlen wir uns noch weniger respektiert, noch weniger wertgeschätzt, noch weniger angenommen und verstanden. Kränkungen können in uns Zweifel auslösen, bis hin zur Verunsicherung. Menschen, die im Alltag den Stempel »empfindlich« oder »übersensibel« tragen, gelten als schnell gekränkt. Ihnen gemein ist ein geringes Selbstwertgefühl. Eine Kränkung ist eine individuelle Reaktion auf ein Ereignis, das uns seelisch verletzt. Auslöser dafür sind in der Regel unterschiedliche Formen von Zurückweisung, Ablehnung oder Ignoranz, die wir als persönliche Entwertung erleben. Wir fühlen uns ohnmächtig, traurig, enttäuscht. Unsere Reaktionen sind vielfältig: Rückzug, Trauer, Wut, Aggression oder Angst. Diese Reaktionen sind eine Schutzreaktion, doch sie führen dazu, dass wir Beziehungen abbrechen oder uns rächen wollen. Das konnten wir uns auf diesen wenigen

Quadratmetern nicht erlauben. Stattdessen suchten wir immer wieder den Weg zueinander.

- **Nachtragen.** Nachtragen und Aufschieben ging für uns nicht. Ein zauberhafter Kollege (Michael Rossié) verwendet sehr gerne das Sinnbild der Rabattmarken. Sie kennen noch die Rabattmarken? Die Vorgänger von Paybackpunkten & Co. Als ich Kind war, gab es diese in einer Drogerie bei uns in der Kleinstadt. Je nach Höhe des Einkaufs bekamen wir Rabattmarken. Die eine oder andere Supermarkt- oder Baumarktkette verteilt heutzutage auch diese kleinen Marken oder Klebepunkte. Früher gab es ein schönes Heftchen dafür, und meine Großmutter war sehr eifrig darin, diese kleinen Heftchen zu füllen. Das Bild der Rabattmarke steht dafür, dass wir Marke für Marke sammeln, wenn uns etwas missfällt. Nur die ganz kleinen Dinge, etwa wenn der Partner die Zahnpastatube offen liegen lässt. Manche Menschen sagen dann nichts, denn sie wollen ja keinen Streit, doch kleben sie eine kleine Marke ins Heft. Stört nicht weiter und ist ja auch nicht der Rede wert. Auch der Kollegin, die keinen Kaffee mitgebracht hat für die Gemeinschaftsküche oder den Dienst nicht tauschen wollte, kleben sie womöglich ein kleines Märkchen in dieses Heft ein. So, zack. Und da werden sie dann gesammelt. Kleinigkeit für Kleinigkeit, die stört. Bis dann der Tag kommt. Und zwar der Tag, an dem der andere Mensch, in diesem Fall der Partner oder die Kollegin, mit einer Kritik oder einem Feedback auf sie zukommt. Der Partner oder die Kollegin teilen dann beispielsweise ihre Verärgerung mit: Der Mensch, der die Rabattmarke eingeklebt hat, hat sie verärgert, vielleicht bei einer Verabredung sitzen gelassen, sich nicht an eine Abmachung gehalten oder Ähnliches. Sie wissen, solche Feedbacks kommen einfach mal. Keiner ist perfekt und makellos. Nun aber kommt das Rabattmarkenheft zum Einsatz. Die Menschen nehmen es in die Hand, sie haben ja das Rabattmarkenheft und brauchen sich diese Kritik nicht gefallen zu lassen. Nein! Sie können kontern und dem Gegenüber all die kleinen Situationen, die sie fein säuberlich gesammelt haben, entgegenpfeffern. So! Und schwups sind sie mitten im Kleinkrieg. Ihre Waffe ist das Nachtragen. Natürlich könnten sie die vielen störenden Kleinigkeiten, die sie dem anderen Menschen »rabattiert« haben, einfach mit ihm klären. Eine nach der anderen, schön sauber. Aber nein, das genau machen sie nicht, wir wollen ja nicht aus einer Maus einen Elefanten machen. Hier klingt Ironie durch, das haben Sie sicher schon gemerkt. Sie habe ich ganz bewusst gewählt, denn ich möchte die Aufmerksamkeit erhöhen, auf dieses seltsame »Spiel«, wie ich es nenne. Es gibt Menschen, die tragen lieber nach. Verzeihen nicht. Behalten diese Rabattmarken noch, denn sie sehen in ihnen einen Schatz. Verzeihen oder Ansprechen kostet sie womöglich zu viel Überwindung. Doch genug der Ironie. Wer anderen Menschen etwas nachträgt, hat meist einen verstellten Blick auf diesen Menschen. Kennen Sie die Legende von den zwei Mönchen und der Frau? Für mich ein Sinnbild für das Nachtragen. Sie geht so: Zwei Mönche sind auf Wanderschaft. Sie stammen aus einem sehr keuschen Orden, dem der Umgang mit Frauen strikt verboten ist. Eines Tages kommen sie an einen Fluss. Dort steht eine wunderschöne Frau, die den Fluss überqueren will. Weil das Wasser aber sehr tief ist, kann sie das nicht, ohne ihre Kleider nass zu machen. Da nimmt der eine Mönch die Frau auf seine Schultern, watet mit ihr durchs Wasser und setzt sie auf der anderen Flussseite trocken ab. Die Mönche setzen ihre Wanderung fort. Nach einer Stunde fängt der eine Mönch an, den anderen zu kritisieren: »Was du getan hast, war nicht richtig. Du weißt doch, wir dürfen keinen nahen Kontakt mit Frauen haben.« Der Mönch, der die Frau durch den Fluss getragen hat, hört sich die Vorwürfe ruhig und geduldig an. Dann antwortet er seinem Bruder: »Das ist der Unterschied zwischen uns: Ich habe die Frau vor einer Stunde am Fluss abgesetzt – du aber trägst sie immer noch mit dir herum.« Was kann Menschen helfen, ohne Rabattmarken zurechtzukommen? Sich gut austauschen. Nachfragen, ob etwas zu klären ist. Zeit miteinander verbringen, um mit dem anderen Menschen eine gute, vertrauensvolle Beziehung zu pflegen. »Du, damit kam ich nicht gut zurecht« zu sagen, Kleinigkeiten einfach anzusprechen, statt sie lange aufzutürmen. Es hilft, sich selber zu fragen, was ich mit welchem Menschen noch zu klären habe. Was steht zwischen mir und einem anderen Menschen? Welche Missverständnisse oder Verletzungen gab es, dass diese Rabattmarken in das entsprechende Album eingeklebt wurden? Wer inneren und äußeren Frieden haben möchte, der kann davon profitieren, Missverständnisse & Co gleich und unmittelbar anzusprechen. Dieser Frieden ist ein wesentlicher Schritt zu mehr Klarheit, Genuss und Leichtigkeit. Kopf und Herz können freier sein für das Wesentliche, das, was gelebt werden möchte. Denn jede Rabattmarke ist eine kleine Belastung, an der sogar ein ganzer »Rattenschwanz« dranhängen kann. Wie viel schöner ist es, zu einer Freundin zu sagen, dass »ich gerne eine Sache aus der Welt räumen möchte« und das mit einem Besuch beim Lieblingsitaliener verbinde oder einem kleinen Picknick im Park.

Das hier ist nur eine Auswahl an Verhaltensweisen, mit denen wir uns intensiv auseinandergesetzt haben.

Ein Schlüssel, den ich vor vielen Jahren in die Hand gelegt bekam, ist das Ärgermodell, so nenne ich es.

Es hilft bei so vielen Situationen im Alltag, in denen wir uns über andere ärgern oder sie ablehnen.

Wenn wir uns also ärgern oder mit etwas unzufrieden sind, wenn wir jemanden ablehnen, ihn nicht mögen, womöglich mit ihm einen Konflikt haben, dann kann das eine der folgenden Ursachen haben. Und das Schöne ist – sie liegen meist in uns:

Erstens: Der oder die andere hat etwas, was wir selbst gerne hätten. Das kann eine Fähigkeit sein, ein Verhalten, ein gewisser Status oder auch Möglichkeiten. Er oder sie hat mehr Geld, hat das Auto, von dem wir schon lange träumen, das Haus, das wir ebenfalls am liebsten hätten, er oder sie hat eine Geliebte, die wir auch gerne hätten, oder die Position, von der wir denken, dass wir der richtige Mensch für diesen Job sind. Es gibt vielerlei Anlässe für diesen Neid. In zweierlei Hinsicht ist es eine wertvolle Lösung, sich das zu verdeutlichen:

- Wenn wir wissen, was oder wen wir beneiden, können wir uns diesen Wunsch selbst erfüllen. Beneide ich also jemanden um seinen Urlaub, so sollte ich schauen, dass ich mehr Freizeit oder mehr Reisen in meinem Leben platziere.
- Wir können erkennen, warum wir mit jemand anderem nicht gut zurechtkommen. Nach der Entschlüsselung wird uns meist sehr schnell klar, was wir tun können, um mit diesem Menschen (wieder) Frieden zu schließen.

Zweitens: Er oder sie konfrontiert uns mit unseren Schattenseiten. Schattenseiten haben wir alle. Das sind unsere Bereiche, die im Schatten liegen, die nicht von der Sonne bestrahlt werden. In der Natur – wie beim Mond oder bei den Bergen – finden wir den Zustand einer Schattenseite ganz normal.

Bei uns selbst fällt uns das schwer, denn meist sind wir uns unserer Schattenseiten gar nicht bewusst. In der Projektion auf andere können wir sie allerdings sehen. Bei jemand anderem fällt uns auf, was wir selber bei uns verdecken. Ein kostbarer Hinweis also auch auf uns selbst.

Drittens: Das Verhalten des Gegenübers weckt einen alten Schmerz, den wir seit Jahren unterdrücken. Den haben wir alle. Bis auf wenige Ausnahmen trägt jeder Mensch etwas mit sich herum, was noch aus Kindertagen stammt und schmerzhaft in seinem Inneren wohnt. Nicht alles davon heilt automatisch. Oft genug drücken wir es weg. Wollen damit (z.B. mit der Angst, nicht gut genug zu sein, allein gelassen zu werden etc.) nichts zu tun haben. Wir vermeiden dann bewusst Situationen, um nicht in Kontakt mit diesen Anteilen zu kommen. Aber dann taucht jemand auf, der uns damit konfrontiert, ohne es zu wissen.

In dem Moment, in dem ich mich über jemanden ärgere, ihn ablehne oder meine, nicht zu mögen, reflektiere ich: Was hat das mit mir zu tun? Wenn ich dann weiß, was genau mein Anteil an dieser Ablehnung ist, welche Projektion mich womöglich diesen Menschen ablehnen lässt, kann ich diesen Menschen wieder klarer sehen. Ein Garant für ein besseres Miteinander.

Zudem begannen wir mehr: zu loben, Komplimente zu machen, Wünsche und Bedürfnisse gleich wahrzunehmen und auszusprechen,

Verständnis für die andere zu haben, sich zurückziehen zu können, wenn eine von uns Ruhe brauchte.

Alle beide hatten wir viel Neues zu lernen.

ALLEIN SEIN

Eine der größten Hürden in diesem Jahr war die seltene Möglichkeit, für sich allein zu sein. Räumlich war das im Wohnmobil kaum zu machen; nur dann, wenn ich allein verreiste, zu Trainings oder nach China.

Doch dürsten unsere Seele und unser Herz immer wieder danach, Zeit mit sich selber zu verbringen, um dem eigenen Ton auf die Spur zu kommen, um den eigenen Befindlichkeit einen Namen zu geben und Antworten auf innere Fragen zu bekommen, um aufgeräumter durchs Leben zu gehen. Der eigenen Ehrlichkeit und Glaubwürdigkeit ins Gesicht zu schauen.

Unsere Seele und unser Herz dürsten immer wieder danach, Zeit mit sich selber zu verbringen, um dem eigenen Ton auf die Spur zu kommen.

Wir brauchen Zeit zum Regenerieren, zum Klären und auch, um mit sich ins Gericht zu gehen. Nicht im Sinne von richten, sondern im Sinne von Gerechtigkeit und Nichtbeurteilung – oder eher noch der Um-Beurteilung. Um all die kleinen und großen Urteile, die ich im Laufe des Tages gefällt habe, vielleicht noch einmal aufzuweichen, loszuwerden oder umzudeuten. Ich weiß – spätestens nach all diesen Monaten –, dass eine Allein-Zeit unendlich kostbar und wertvoll ist.

Fehlt sie, schleife ich in Furchen eines unguten Miteinanders, die auf die Dauer nicht glücklich machen. Und es sind doch immer wieder dieselben Fragen, die auftauchen:

Wo bin ich? Wer bin ich? Wie bin ich? Wie bin ich heute? Wie habe ich mich bei dieser Aufgabe oder in jener Situation erlebt? Bin ich mit mir zufrieden? Kann ich in den Spiegel schauen und mich wirklich ansehen? Was spüre ich?

Wo bin ich vor mir selbst geflohen? Wo bin ich mir selbst ausgewichen? Wo habe ich mich selbst berührt – wo habe ich andere berührt?

Kann ich »ja« zu diesem Moment oder zu diesem Tag sagen? Was bräuchte ich, um es zu tun?

Und was tue ich, wenn ich nicht allein sein kann, wenn die Enge des Raumes dafür sorgt, dass ich nicht allein bin? Fehlender Auslauf, ungastliches Wetter draußen, das uns dazu zwingt, die Abende drinnen zu verbringen?

Kein Platz, um mir die Energie aus den Füßen zu laufen oder einfach mal treppauf, treppab zu gehen?

Ja, wenig Platz – doch klage ich auf hohem Niveau. Denn selbst während dieses ganz speziellen Jahres habe ich weitaus mehr Sicherheit, Platz und Heimat gehabt als der größte Teil der Menschheit.

Immer wieder sehe ich das Bild eines kleinen Vogels vor mir, der in einer kleinen Wassertränke badet und sich inmitten der weit stiebenden Wassertropfen eifrig putzt. Und täglich reinigt er sein Gefieder – sodass es ihm als Behausung dient.

Ähnlich erlebte ich es auch. Denn gerade in dieser räumlichen Begrenzung des Wohnmobils galt es, Rituale für diese »Alleinsein-Momente« zu finden, die getrost im sozialen Milieu und gesellschaftlichen Allerlei der Gemeinsamkeit realisiert werden können.

Für mich war es das Einfachste, mich abends rechtzeitig ins Bett zurückzuziehen. Rückzug – obwohl ich nicht allein war. Dies war mir möglich, weil ich quasi innerlich die Jalousie heruntergezogen habe. Damit war Ruhe – zumindest eine Zeit lang.

Und es gab die Zeiten zum Laufen und Spazierengehen, zum Schreiben und Tagträumen. Es war mir möglich, bei mir zu sein, wenn wir nebeneinander auf unseren Klapphockern abends »noch einmal schnell draußen saßen«, jede bei sich, in stiller Verbundenheit.

Nach außen beisammen – und nach innen bei sich sein. Aber dazu braucht es Konzentration und Contenance, inneren Frieden und Verbundenheit.

KÖSTLICHE STILLE

Wenn Menschen mich fragen, was mir am meisten Stress macht, dann lautet meine Antwort »Lärm«. Lärm ist für mich anstrengend, vor allem überflüssiger Lärm.

In diesem Jahr im Wohnmobil gab es Plätze der Stille, wo nur die Natur zu hören war. Es gab die Plätze mit den ganz normalen Geräuschen einer Kleinstadt. Und es gab die Plätze, wo der Lärm zu viel für mich war, da klangen Geräusche aus all den TV-Geräten, vor denen die anderen Wohnmobilisten saßen, verwoben in das Rufen, die lauten Gespräche und das allgemeine Stimmengewirr eben dieser Menschen.

Klar ist unsere Welt lauter geworden. Genau genommen war sie noch nie so laut wie heute. Als ich Kind war, fuhr stündlich maximal ein Auto durch die Straßen, auf denen ich als Kind spielte. Jetzt wiederum sitze ich in der Bahn und kann jederzeit an vielen Gesprächen teilhaben (was ich gar nicht schätze). Familien oder Reisegefährten unterhalten sich so, dass ich nahezu alles mithören kann. Auch das Teilhaben an einem Telefonat ist im öffentlichen Raum jederzeit möglich. Hemmungslos werden in diesen Gesprächen Details genannt. Mir gefällt das nicht. Aber nicht nur im Zug sind die Geräusche anderer Menschen oft hörbar. Das Fluggeräusch der Flieger am Himmel, das Dröhnen von vielen Automotoren, Bassbrummen aus dem Kopfhörer drei Sitzbänke weiter.

Zu den Alltagsgeräuschen oder dem Lärm, ganz gleich, wie wir es nennen, kommen dann die eigenen Geräusche dazu. Ich staune, wie viele Menschen oft oder ständig Musik hören. Auch weiß ich von Menschen, die nach Hause kommen und automatisch den Fernseher anstellen. Damit sie sich nicht so alleine fühlen, sagen sie.

Stille ist ein kostbares Gut. Es wird immer kostbarer, so denke ich. Denn wenn selbst auf den höchsten Gipfeln der Berge noch die kontinuierlichen Geräusche der Autostraßen, der Lifte und lautstark unterhaltenden Wanderer oder juchzenden Skifahrer zu hören sind, dann ist mir das zu viel. Und ich frage mich, wo es in der Natur noch diese Stille gibt.

Denn wenn unsere Umgebung leiser ist, können wir den eigenen, inneren Stimmen mehr Aufmerksamkeit schenken.

Wenn es im Außen laut und lärmig ist, wie sollen wir da in uns hineinhorchen können? Stille gibt uns das Geschenk, uns selber mehr wahrnehmen zu können. Aber auch die kleinen Geräusche, die die Natur hergibt. So können wir den Wind hören, das Rascheln der Blätter, das Summen der Insekten.

Es lohnt sich, dafür hellhöriger zu werden, denn dies sind u.a. kleine Momente der Intensität. Sie schenken Ruhe. Wenn nicht sogar Muße. In der Stille auf die leisen Geräusche zu achten, ist wie eine Meditation, sie schenkt uns ein pures Lebensgefühl und sie schenkt uns mehr Raum für uns. In der Stille können sich viel eher unsere Sinne entfalten. Ist es zu lärmig um uns herum, müssen wir Kraft und Aufmerksamkeit aufbringen, unsere Ohren vor dem Lärm zu verschließen. Selten können wir dabei etwas machen, das Konzentration erfordert.

Es gibt dann auch noch die andere Seite des Lärms. Nämlich die derjenigen, die diesen Lärm verursachen.

Der Nachbar, der Punkt 13.00 Uhr beginnt, den Rasen zu mähen. Weiß er eigentlich, was er bewirkt?

Ein Paar, das spazieren geht und sich so laut unterhält, dass Menschen, die selbst fünf Meter weit entfernt gehen, das Gespräch mitbekommen. Die Nachbarn auf ihrem Grundstück, die sich so laut unterhalten, dass ich hier auf meiner Terrasse alles mitbekomme. Die beiden Männer im Swimmingpool, die ein Gespräch führen, das ich unweigerlich mithören muss. Denn auch das Nichthören braucht eine spezielle Aufmerksamkeit. Eine sehr hohe sogar.

Wenn ich andere Menschen, wie beispielsweise ein Paar, unfreiwillig bei einem ihrer persönlichen Gespräche quasi als passive Mithörerin belausche, dann frage ich mich, ob ihnen das bewusst ist? Wollen sie gehört werden? Warum reden sie nicht einfach leiser? Ist das Gespräch nicht viel intimer und persönlicher, wenn es leiser und dadurch geborgener ist?

Warum sollen alle mithören, frage ich mich, wenn ich die beiden Frauen betrachte, die sich laut im Cardiobereich des Fitnessstudios unterhalten? Ist es ihnen egal? Merken sie es vielleicht gar nicht mehr? Oder wollen sie sogar, dass andere mithören? Gibt ihnen das vielleicht das Gefühl, Bedeutung zu haben?

Wissen sie, dass sie gehört werden?

Wissen sie, dass andere genervt sind?

Braucht es diese Aufmerksamkeit? Ist der Inhalt wirklich so wichtig? Wie wäre das Gespräch, wenn sie es wirklich unter vier Augen führen würden?

Intim, verschwiegen, geschützt?

Der Minimalismus hat so viele Formen und eine, von der ich hier spreche, ist der Minimalismus des Lärmes und der Geräusche.

Vielleicht mögen Sie sich auf diesen Gedanken und den Versuch, weniger Lärm und Geräusche zu erzeugen, einlassen. Für mich ist das

Luxus. Nicht umsonst heißt es ja auch: »Reden ist Silber, Schweigen ist Gold.«

Stille ist weder leer noch voll. Sie kann ganz unterschiedliche Qualitäten haben. Eine Stille, in der wir eine Stecknadel fallen hören, kann unangenehm sein, weil die Menschen, die diese Stille teilen, vielleicht gerade nicht wissen, wie sie miteinander reden können und wie sie wieder den Weg zueinander finden können.

Stille ist weder leer noch voll. Sie kann ganz unterschiedliche Qualitäten haben.

Die Stille kann voller Frieden sein, wenn alles einvernehmlich ist und es keine Worte braucht.

Wer Stille aushalten kann, mehr noch, wer sie bewusst gestaltet, schafft einen bewertungsfreien Raum. Einen Raum, in dem die Gegenwart spürbar ist.

Je weniger Worte ich verwende, umso bedeutsamer wird jedes Wort.

Wie nehmen wir Stille wahr? Wie halten wir diese Stille aus? Was hören wir in dieser Stille?

Je weniger Geräusche ich verursache, desto ruhiger wird es. Oft entstehen Geräusche im Alltag durch unachtsame Bewegungen. So saß vor Kurzem ein Teilnehmer in einem meiner Schreib- und Buchworkshops, der sehr lebendig gestikulierte, wenn er sprach. Die Hände gingen von der Tischplatte aus hoch und wieder runter. Jedes Mal wieder schlug er mit einem seiner schönen, dicken Ringe und einem festen Uhrarmband auf der Tischplatte auf. Jedes Mal gab es ein Geräusch, das unüberhörbar im Raum war. Überflüssig? Ja, für mich schon.

Wenn wir uns irgendwo anstoßen, sind wir nicht besonders achtsam mit unseren Bewegungen.

Meine Absicht ist nicht, dass Sie ab jetzt keinen Mucks mehr von sich geben, wenn Sie durchs Haus gehen, oder dass Sie vorsichtig herumschleichen. Aber: Vielleicht haben Sie Lust, einmal darauf zu achten, wie viel Lärm oder Geräusche Sie alleine durch die Art und Weise erzeugen, wie Sie selber durch einen Raum gehen oder wie Sie Alltagsgegenstände verwenden.

Ich weiß von mir, dass es einen großen Unterschied macht, ob ich eine Tasse Tee auf den Tisch stelle (ich meine donnere) oder ob ich sie sehr bewusst dort absetze. Mir bereitet es mittlerweile sehr viel Freude – im Sinne einer Purheit –, sodass ich intensiver spüre, was ich tue und insbesondere, mit welcher Intention ich es tue.

FREUNDSCHAFTEN

Dieses Wohnmobiljahr hat meine und auch N.s Freundschaften auf einen Prüfstand gestellt. Es war auch in dieser Hinsicht eine Zäsur. Tatsächlich habe ich Freundschaften gewonnen und andere verloren in diesem Jahr.

Wie einfach ist es doch, in der gleichen Stadt lebende Freunde zu besuchen, zu treffen, sich auszutauschen. Doch wann spreche ich von einem Freund, wann von einer guten Kollegin, wann von einem beruflichen Kontakt? Und was ist der Kern von Freundschaft – Nähe, Vertrautheit, gemeinsame Interessen und Hobbys, die Tatsache, eine vergangene Lebensphase geteilt zu haben? Welche Nuancen liegen zwischen Begriffen wie Studienfreund, Sandkastenfreund, beste Freundin, Busenfreundin, Sportfreundin ...?

Mir ist bewusst geworden, dass Freundschaft für mich nicht an geografischer Nähe hängt, auch nicht an regelmäßigen Treffen. Ich bin in diesem Jahr manchen Menschen zum ersten Mal begegnet und hatte dennoch den Eindruck, dass wir uns schon lange kennen oder gar ein Leben lang begleiten. Magisch und rätselhaft würde ich das nennen, beglückend und wunderschön auch! Wenn ich diese Menschen nach Monaten anrufe oder wiedersehe, ist es so, als wären wir erst gestern auseinandergegangen. Ich vermute, dass genau dafür Begriffe wie Wahlverwandtschaften und Seelenverbindung geprägt wurden.

Andere Freundschaften haben dieses Jahr im Wohnmobil nicht überdauert, ließen sich nicht am Leben halten, nicht in aller Fülle und zur gegenseitigen Bereicherung weiterführen. Sie sind gewissermaßen eingeschlafen und hatten wohl einfach ihre Zeit in meinem Leben, so wie bekanntlich alles seine Zeit hat.

Für beides bin ich sehr dankbar; ich hatte Freundinnen, Freundschaften in allen Phasen meines Lebens, hatte Begleiter, Schultergeber, Ratgeberinnen und tief Vertraute. Und ich habe sie auch jetzt wieder – in einer anderen Phase meines Lebens sind es zum Teil andere Menschen, das ist ein wunderbares, warmes, vertrautes Gefühl.

Gewiss habe ich in diesem Jahr manches nicht geschafft, weil unser Alltag notwendigerweise andere Regeln hatte. Manch eine Geburtstagskarte blieb ungeschrieben, manche Einladung konnte ich einfach nicht wahrnehmen. Und gewiss habe ich mich für manche meiner früheren Freunde in eine fremde, unbequeme Richtung entwickelt.

Ich habe den Eindruck, dass mein Projekt für manche und manchen etwas Beängstigendes hatte. Dieses »Geht ja doch!«, »Verlasse den goldenen Käfig«, »Reduziere alles, was nicht notwendig ist« muss für manchen kaum auszuhalten gewesen sein. Sicherlich sind auch dadurch Distanzen entstanden.

Manch eine Freundin oder einen Freund habe ich in diesem Jahr wohl zu sehr an der Flut und Fülle und Intensität meines Lebens teilhaben lassen.

Die Begegnungen werden tiefer, das Abenteuer und die gelebte – oder erlebte – Unabhängigkeit schärfen mein Bewusstsein. Auch die Gespräche mit anderen Menschen, gerade bei einer ersten Begegnung, werden recht schnell persönlich. Selbst nach wenigen Tagen des Unterwegsseins beziehen sich die Gespräche mit anderen meist zügig und direkt auf dieses Abenteuer – als ziehe es die Menschen magisch an. In Anbetracht unserer Situation und unseres derzeitigen Lebensprinzips scheinen sie sich schneller zu öffnen. Vielleicht regt unser modernes Nomadentum etwas an, eine Sehnsucht, ein Mitgefühl, eine Verbundenheit? Ich weiß es noch nicht. Jedoch stelle ich fest, dass unsere Geschichte die Menschen bewegt. Sie ist menschlich und persönlich, unsere Asskarte im Ärmel ist die Katze. Ihre Anwesenheit öffnet die Herzen – auch ohne dass die Menschen diese Katze gesehen haben.

Die Begegnungen werden tiefer, das Abenteuer und die gelebte – oder erlebte – Unabhängigkeit schärfen mein Bewusstsein.

Menschen suchen unsere Nähe. Sie kommen zum Abendessen, werden einfach eingeladen. Sie laden uns zu sich ein, teilen Küchentisch und Waschmaschine. Wir sind überall zu Hause und verheimlichen wenig. Und zugleich habe ich selber in all meinen Seminaren und Workshops sehr viel Nähe und Gemeinsamkeit gelebt. Ich weiß,

dass es den meisten Menschen guttut, die Gemeinschaft der anderen zu spüren, zugehörig zu sein und auf das Miteinander zu vertrauen. Das ist sicher einer der wichtigsten Glücksstifter, ähnlich wie anderen Menschen zu helfen. Denn helfen macht glücklich.

Was Freundschaften ausmacht, mag für jeden ein wenig anders sein. Ein Freund kann jemand sein, der zufällig in die gleiche Schulklasse ging, ein Schulfreund eben, oder jemand, der die gleichen Hobbys pflegt wie Sie, ein Sportfreund, ein Skatfreund. Genauso gut ist es möglich, dass ein Freund für eine Lebensphase in Ihrem Umfeld lebt, und wenn Sie dieses verlassen, endet auch die Freundschaft, ohne dass dies angekündigt und besprochen wird.

Was macht aber eine gute Freundschaft aus? Was ist ein guter Freund, über den im Film »Die Drei von der Tankstelle« gesungen wird

»Ein Freund, ein guter Freund, das ist das Beste, was es gibt auf der Welt«?

Auch wenn es heutzutage keine so klaren Kriterien für Freundschaften mehr gibt wie zu Zeiten dieses Filmes oder gar zu Zeiten der Antike, so gibt es zumindest bestimmte Anhaltspunkte und Fragen, die bei der individuellen Analyse hilfreich sein können, so ist meine Erfahrung. Und ich persönlich glaube, dass es eine gewisse »Kategorisierung der Nähe« gibt – und »beste« Freunde/Freundinnen gibt es nur ein, zwei, vielleicht sogar fünf, die mit mir – und ich mit ihnen – eine besondere Vertrautheit und Nähe genießen. Diese Freundschaften sind ein großes Geschenk, sind auf der Herzensebene angesiedelt und überstehen auch einmal Pausen und Meinungsverschiedenheiten. Um also abzuwägen, ob ich eine Freundschaft weiter pflege oder »aussortiere«, kann ich mir z.B. folgende Fragen stellen und mich damit auseinandersetzen:

»Beste« Freunde / Freundinnen gibt es nur ein, zwei, vielleicht sogar fünf, die mit mir – und ich mit ihnen – eine besondere Vertrautheit und Nähe genießen.

- Warum ist mir dieser Mensch (noch) wichtig?
- Was will ich mit ihm/ihr (noch) erleben? Liegt das, was uns verbindet, also in der Vergangenheit, oder projiziere ich schon etwas in die Zukunft?
- Ist die Freundschaft ausbalanciert? (Gibt es eine/-n von uns, der immer seine Themen anbringen darf, oder sind es beide in einem etwa gleichen Maße?)

- Freunde sind nicht meine »Kummerkästen«. Haben wir Freude und Glück miteinander oder überwiegt die Schwere?
- Wie tief gehend und weitreichend ist diese Freundschaft? Hält sie auch Disharmonien und Meinungsverschiedenheiten aus? Wie weit reichen mein Vertrauen und meine Bereitschaft, den anderen Einblick in mein Inneres nehmen zu lassen? Ist das gegenseitig?
- Gibt es einen Aspekt der Entwicklung? Haben wir Pläne, was wir miteinander unternehmen oder erleben wollen?
- Ist eine tiefe gegenseitige Ehrlichkeit gegeben, oder halte ich »etwas« zurück? Und wenn, was ist das und warum?
- Genießen wir es, wenn wir uns begegnen?
- Unterstützen wir einander (noch), tun wir uns gut und bieten einander einen Halt, wenn es nötig ist?

HILFE ANNEHMEN

Helfen und helfen lassen war unser Alltag. Schließlich halfen wir zwei uns gegenseitig. Helfen hat für mich als ehemalige Pfadfinderin keinen Beigeschmack, und als Altenpflegerin ist es normal, auch für andere Menschen da zu sein.

Hilfe anzunehmen, wurde für mich in diesem Jahr zu einem ganz besonderen Kapitel. In diesem Jahr habe ich sehr intensiv gearbeitet, viele unterschiedliche Aufträge und Projekte abgewickelt. Das war nur möglich, weil jede von uns ihre Aufgabe hatte. Unsere klare Aufgabenverteilung war deshalb möglich, weil wir tief darauf vertrauten, dass wir uns gegenseitig helfen, dass eben jede ihre Aufgabe erfüllt. Das Gefühl »Wir stehen in der Schuld der anderen« gab es nicht.

Und auch sonst habe ich dieses Gefühl nicht. Das kommt daher, dass ich den Glaubenssatz habe, dass wir in einem großen Gewebe von Beziehungen und Menschen leben, die miteinander verbunden sind. Die Hilfe, die ich beispielsweise von einem anderen Menschen annehme, gebe ich an einen anderen weiter. So entsteht ein großer Kreislauf des Helfens.

Hilfe nicht anzunehmen, verhindert Freude – nämlich beim Gegenüber.

Helfen ist wohltuend.

Helfen ist wohltuend. Ein chinesisches Sprichwort sagt: »Wenn du für eine Stunde glücklich sein willst, mache ein Nickerchen. Wenn du für einen Tag glücklich sein willst, gehe fischen. Wenn du für einen Monat glücklich sein willst, heirate. Wenn du für ein Jahr glücklich sein willst, erbe ein Vermögen. Wenn du ein Leben lang glücklich sein willst, hilf jemand anderem.«

Menschen, die helfen,

- freuen sich, wenn sich das Gegenüber freut,
- haben ein gutes Gefühl, weil sie etwas geben und etwas Gutes bewirken,
- sind proaktiv, das verleiht ihnen Motivation und Energie,
- fühlen sich mit anderen Menschen verbunden,
- haben meist ein positives Selbstbild,
- sehen im Helfen etwas Sinnvolles,
- bekommen Dankbarkeit und Anerkennung,
- können selber Hilfe annehmen.

In diesem Jahr habe ich viele, viele Momente erlebt, in denen Hilfe angeboten wurde und ich sie voller Dankbarkeit und Freude annehmen konnte – und ebenso konnte ich anderen Menschen helfen.

Es gab aber auch Momente, in denen Hilfe abgelehnt wurde. Ich erinnere mich an eine Fahrt nach Süddeutschland, da wollte ich auf der Weiterfahrt prophylaktisch noch Wasser auffüllen und fragte an einer Tankstelle nach zehn Litern Wasser. Freundlich stand ich dort mit meiner Zehn-Liter-Gießkanne und erhielt auf meine Frage nach Wasser die Antwort: »Euch Wasser- und Müllschmarotzern gebe ich gar nichts.« Dabei stand ich mit meinem 1-Euro-Stück in der Hand dort, in Business-Kleidung. Das aber war die Ausnahme.

Die Regel sah so aus wie bei einem dieser Abende mit Freunden, den ich nie vergessen werde.

Pfiffige, nachdenkliche, erheiternde und nachdenklich stimmende Gespräch über Gott und die Welt. Anekdoten aus unseren Leben, Aktuelles und Zukünftiges ranken sich immer wieder um unser Wohnmobilprojekt herum. Neben den anderen ausschweifenden Themen fragen die Freunde so wunderbar konkret nach dem Alltag mit und im Wohnmobil. Also erzählen wir, essen und trinken.

Wie so oft bekommen wir Dusche, Badewanne und Gästebett angeboten. Wie so oft nutzen wir es nicht. Das eigene kleine Heim im Wohnmobil ist immerhin unsere Welt, und viel zu umständlich wäre das abendliche Umräumen. Stattdessen laufen wir später mit unserer Gießkanne und dem tragbaren Wasserkanister zwischen Küchenspüle und Wassereinfüllstutzen am Wohnmobil hin und her, um »daheim« zu duschen und Wasser zu haben.

Hilfsangebote aller Art gab es in diesem Jahr. Oft nahmen wir sie nicht an, wie oben, denn wir benötigten sie nicht. In anderen Momenten wiederum nahmen wir sie liebend gerne an. Denn jedes Mal spürte ich, wie schön es für den Beschenkten ist, wenn seine Hilfe gewünscht war.

Dezember 2014. Es ist kein schönes Wetter, Regen, stürmischer Himmel und graues Licht. Dennoch mache ich mich auf, an der Strandpromenade in Grömitz zu laufen.

Jeden Tag bin ich dankbar, wenn ich der Enge des Wohnmobils entkommen kann. Und es fällt jetzt im Winter natürlich weitaus schwerer, sich draußen aufzuhalten. Vor allem, wenn der Himmel (oder ist es Frau Holle, die da oben zuständig ist?) von früh bis spät Schneeregentropfen über uns ausschüttet. So ein Wetter, bei dem man »keinen Hund nach draußen schicken würde«. Und auch keine Katze, wie ich bestätigen kann.

So packe ich auch an diesem Morgen meinen Schweinehund, denn der will natürlich überhaupt nicht raus, und lasse ihn da einfach sitzen. Keine Beachtung schenken ärgert ihn, und so kann ich eine Runde draußen laufen. Die Strandpromenade, auf der sich im Sommer die Kinder mit ihren Eistüten in den Händen drängeln, ist an diesem frühen Morgen wie leer gefegt.

Ich kann also ganz in Ruhe dort laufen, meinen Gedanken nachgehen, die sich automatisch beim Laufen einstellen – fast schon auf Knopfdruck. Die Folge davon ist, dass ich manche Seminar- oder Vortragsvorbereitung draußen beim Laufen mache. Ebenfalls entstehen wesentliche Buchkapitel und ihre Inhalte beim Laufen.

An diesem Tag steht mir der Sinn nach einem Facebookpost! Ja, genau. Da kann man ja immer mal zeigen, was man gerade Tolles

macht. Und so will ich heute etwas für mein Image als Hobbyläuferin tun. Kurzum poste ich ein Bild von mir. Ein kleiner Ausschnitt des Kopfes vor der Strandpromenade, die im grauen, nebeligen Nieselregen untergeht.

Und dann kommt die große Überraschung!

An diesem ungemütlichen Wintertag werden mir via Facebook diverse Badewanneneinladungen ausgesprochen, warme Duschen und mehrere Möglichkeiten, Wäsche zu waschen.

Die Menschen, die mir auf diesen Facebookpost hin schreiben, kennen mich z. T. überhaupt nicht persönlich – nur durch Facebook und die Geschichte meiner Wohnmobilzeit.

Mein Fazit – Hilfsbereitschaft tut so gut! Welche Freude sie auslösen kann. Und auf die andere Seite gehört das Annehmen von

Hilfe. Das kann nicht jeder. Alleine nach den letzten Monaten kann ich ein Lied davon singen.

An diesem Tag aber werde ich überhäuft von Hilfsangeboten – ein wohltuendes Gefühl, was mich nach diesem kalten Lauf allein durch die ganze Liebe darin aufwärmen lässt. Dabei ist sogar eine Wohnung in Hamburg, die ich für ein paar Wochen nutzen könnte.

WAS IST DAS, DAS GUTE LEBEN?

Da hat sicher jeder seine eigene Vorstellung und auch Maßgabe, wie das gute Leben aussieht und woran wir merken, dass wir eines haben.

Die Ratgeber in Büchern und Zeitschriftenkolumnen sind voll davon:

- Lebe dein Leben.
- Lebe deinen Traum.
- Lebe dich.
- Werde frei.
- Werde der, der du sein willst.
- Werde reich.

Das sind Versprechen eines guten Lebens. Doch wie sieht das gute Leben tatsächlich aus? Ist es ein Leben ohne die zweifelnde Frage »Darf man das?« im Kopf, die so viele Menschen zurückhält. Oder ist es ein Leben mit der richtigen Mischung aus »Angst in der Hose«, wenn es an das Neue geht, aber mit genug Mut und Neugier im Gepäck, sodass die Angst keine Bremse ist, sondern zur gesunden Vorsicht mahnt. Und mitkommt. Was führt uns zu einem guten Leben?

Die meisten von uns leben ein gutes Leben, denn wir können weitaus mehr entscheiden, wie wir leben wollen, als die Generationen vor uns. Wollen wir ein Kind oder mehrere oder keine? Karriere, eine Wohnung, ein Haus? Leben in der Stadt oder auf dem Lande?

Ich bin unsicher, ob es dieses gute Leben überhaupt gibt, oder ist es die Vorstellung, so viele gute Momente wie möglich zu erleben.

Sie erinnern sich, ich sprach schon einmal von den Sterbenden, was sie zufrieden gehen lässt und was sie bereuen, nicht getan zu haben.

Wenn es tatsächlich zu spät ist, kann manches vielleicht nicht wieder geradegebogen, wiedergutgemacht oder wiederholt werden.

Wenn es zu spät ist, dann können wir uns manchen Wunsch einfach nicht mehr erfüllen, manche Sehnsucht nicht stillen. Doch jetzt ist es noch früh genug. Und die Entscheidung, zu handeln und ein gutes Leben zu leben, liegt bei uns. Vielleicht ist das die wichtigste aller Botschaften, die uns die alten Menschen schenken und die uns Jüngere dabei unterstützen können, die Grundpfeiler eines guten, eines puren Lebens zu bauen und danach zu leben.

Woran macht sich das gute Leben fest?

Ich denke an die fernen Traumstrände auf Oahu, Hawaii, Bali und Neuseeland. An allen durfte ich schon sitzen und aufs Meer schauen. Ich habe viele Nächte in Griechenland am Strand geschlafen, bin gleich morgens ins glasklare Meer gesprungen. Eine Nacht im Schlafsack an der Ostsee habe ich erlebt – und den einzigartigen Blick auf die Sterne. Dieses unvergessliche Erlebnis war viel einfacher zu bekommen als vieles davor. Und dann gab es diese Abende, an denen ich lange auf dem Rasen liegend die Sternschnuppen gezählt habe. Unbezahlbar. Unvergesslich. Und sogar noch einfacher zu bekommen.

Eine Nacht im Zelt, nachdem ich die Hälfte des Penser Jochs hochgeradelt bin und die zweite Hälfte noch vor mir liegt, ist einmalig. Alle Sinne sind beteiligt, die angespannten Muskeln lassen die eigene Kraft spüren, die Natur schult mich in Demut. Das Waschen des verschwitzten Körpers abends im Bach ist ein kühler, erfrischender Genuss. Und auch ein wesentliches Ritual.

Das Leben schenkt mir eine kleine Prüfung und ich gebe Energie und Aufmerksamkeit hinein.

Eine Wanderung allein durch die Dolomiten kommt einer Krönung gleich, so nah in dem schönen Gottesgeschöpf der Alpen ist ein »Once-in-a-lifetime-Moment«.

Der Moment, das eigene Kind nicht mehr im Bauch zu tragen, sondern in den Armen zu halten, ist unbeschreiblich und unvergesslich.

Die Fahrradpanne, ein Platten am nördlichen Ende von Neuseeland, nach sechs Tagen in der Einöde des Cape Reinga bei strömendem Regen, wird sich als gute Erinnerung in meinem Kopf festsetzen. Und selbst jetzt, 25 Jahre später, ist es wie gestern. Weil es ein herausfordernder Moment war. Das Leben hat mir eine kleine Prüfung geschenkt und ich habe Energie und Aufmerksamkeit hineingegeben. Oder das erste Mal auf dem Brocken. Tränen in den Augen, Deutschland ist nicht mehr geteilt. Nach 42 Kilometern Marathon das erste Mal durchs Brandenburger Tor laufen und mich glücklich fühlen. Auch die eigene Tomatenernte auf dem Balkon der kleinen Mietswohnung in Berlin-Tempelhof wird schnell zum Glücksmoment und bleibt in der Erinnerung. Das tägliche Auffüllen von Frischwasser für das Wohnmobil ist eine lieb gewonnene Routine, die notwendig ist. Egal ob Sonne, Regen oder Hagel. Ein unglaublich gutes Gefühl, mit so wenig Wasser auszukommen und dennoch jeden Tag im Wohnmobil duschen zu können – und doch ist dieses gute Gefühl so einfach zu haben. Hunderten von alten und kranken Menschen in schweren und guten Stunden geholfen zu haben und an ihrer Seite gewesen zu sein, hat mich mit Liebe und dem Gefühl von Verbundenheit erfüllt. Ist ein gutes Leben vielleicht einfach die Summe guter Gefühle, die wir erleben?

Doch wer bestimmt denn unsere Vorstellungen von einem guten Leben? Wer beeinflusst unsere Wünsche nach einem puren, eigenen Leben?

Ich bin keine Verfechterin der aktuellen Achtsamkeitswelle.

Meiner Meinung nach ist dieser Trend häufig zu sehr ichbezogen. Zu groß sind die Herausforderungen, die sozialen Probleme, die wir zu lösen haben und unsere Erde doch noch zu retten.

Dieser Achtsamkeits- und Selbstoptimierungstrend wird extrem kommerzialisiert, entsprechende Modelabels entstehen, Wellnesszeitschriften boomen, der Buddhismus wird unvollständig benutzt, statt die buddhistischen Tugenden zu leben. Die positive Psychologie wird als neues Allheilmittel verstanden. Doch wenn wir ehrlich sind, können wir bei den Problemen unserer Welt nicht mehr weggucken.

Wie Sie bemerken, sind wir bereits mitten in der Frage, wie es uns gelingt, in dieser aktuellen Welt ein pures Lebensgefühl zu erleben. Denn immer wieder müssen wir quasi das Elend der Welt wegblenden. Bei jedem neuen Smart- oder iPhone®, das wir kaufen, wissen wir, dass Menschen unter schwersten Arbeitsbedingungen Coltan in Minen abbauen. Dies machen zum Teil auch Kinder.

Würden wir uns das täglich vor Augen halten, wenn wir dieses Gerät benutzen, verginge uns die Freude daran. Stattdessen verdrängen wir.

Ähnlich ist es mit Jeans und anderer Kleidung, die nicht unter besonderen Auflagen hergestellt wird. Es gibt kleine und große Projekte, fair und gerecht zu wirtschaften, doch reichen sie meiner Meinung nach noch lange nicht aus.

Wir haben zu befinden zwischen den beiden Polen: Elend und Schmerz dieser Welt und extreme Selbstoptimierung. Es ist eine Gratwanderung zwischen Verdrängen und Wahnsinnigwerden, weil wir den Schmerz, wenn wir hinschauen, kaum aushalten würden.

Ich kann auf vieles verzichten, doch nicht auf mein Smartphone!

Unsere Lebensläufe lassen es meist nicht zu, dass wir ständig in den Krisengebieten unserer Welt helfen. Dennoch können wir woanders helfen. Es gibt immer einen alten Menschen in der Nachbarschaft, der sich freut, wenn man sich zu ihm setzt, oder ein Kind, das sich über Hilfe beim Lesenlernen freut, oder ein Flüchtling, dem man Deutsch beibringen kann. Ein bisschen abgeben von unserem Luxus.

Was ist, wenn ich doch einfach aus dem Hamsterrad ausbreche?

Bleibt die Welt dann ohne mich stehen?

Ehrlich mit sich selbst und anderen zu sein.

Und innezuhalten, wenn wir so etwas wie einen Ruf hören. Der Ruf kann von innen oder von außen kommen. Manche Menschen hören ihn sofort, manche wiederum tun vieles, um ihn zu überhören.

Es klopft an Ihre Tür und lässt Sie Bücher wie dieses hier kaufen.

Ein gutes Leben ist individuell. Über dessen Kriterien und Ausprägungen muss bzw. darf jeder selbst entscheiden.

Wir haben – hierzulande – jeden Tag die Wahl, die Richtung zu wechseln, das Ruder umzulegen und einen neuen Kurs aufzunehmen. Wir müssen nicht erstarren oder im viel zitierten Hamsterrad weiter im Kreis laufen. Wer zwingt uns dazu – außer wir uns selbst –, indem wir uns die Geschichte von Notwendigkeiten erzählen und sie dann selbst glauben. An dieser Stelle gibt es Menschen, die ihre innere Stimme sagen hören: »So einfach ist das aber nicht. Ich kann doch nicht einfach …« Diese Menschen könnten sich einfach die Frage stellen: »Was ist, wenn ich doch einfach aus dem Hamsterrad ausbreche? Bleibt die Welt dann ohne mich stehen?« Vermutlich wird dann als Antwort wieder eine drohende Konsequenz hochkommen. Auch die könnten diese Menschen dann auf die gleiche Weise hinterfragen. Und immer so weiter. Mit dieser Methode kann man ganze Glaubenssysteme zum Einsturz bringen. Und der Blick wäre wieder klar.

Und auch, wenn wir möglicherweise nicht alles sofort können oder wollen, so können wir doch immer unsere Einstellung zu den Dingen ändern, auch schrittweise. Wenn wir das getan haben und es nicht stimmig, nicht ehrlich ist, wenn wir uns weiter verbiegen müssen, um glücklich zu sein, dann ist es mit großer Wahrscheinlichkeit Zeit für den Aufbruch.

Ein gutes Leben? Dazu gehört für mich auch:

Präsent zu sein bei den eigenen Aufgaben. Präsent sich selber und anderen gegenüber.

Wissen, wann der richtige Zeitpunkt für etwas ist.

Liebevoll zu sein. Zu sich, zu anderen und zum Leben.

Das tun zu können, was in der eigenen Macht steht.

Immer wieder unterscheiden zu können, was wichtig ist und was nicht.

Verantwortung zu übernehmen für das eigene Denken, Glauben und Tun.

Sie wissen vielleicht, was Sie zurückhält und wie Sie das lösen können. Und Sie wissen, wie Sie vorankommen. Nur vielleicht noch nicht, wohin. Doch dass Sie möglicherweise den Kurs noch nicht erkennen, bedeutet ja nicht, dass es kein Ziel gibt. Und was bedeutet es für die Qualität des Lebens, wenn Führung nicht mehr aus dem Außen kommt, sondern aus dem Innen, weil Vertrauen ins Selbst da ist, weil wir Steuermann und Steuerfrau für das eigene Leben sind?

»Es geht nicht darum, dem Leben mehr Tage zu geben, sondern den Tagen mehr Leben.«

CICELY SAUNDERS

Ich lade Sie ein, sich noch weiter mit den Fragen nach einem guten Leben zu beschäftigen. Denn dieses Buch bietet Ihnen einerseits die Chance, im Leben aufzuräumen, und andererseits finden Sie viele Anregungen, um Ihr Leben so zu gestalten, dass es pur und intensiv ist. Dass es Ihr Leben ist!

Wie sagte schon Cicely Saunders: »Es geht nicht darum, dem Leben mehr Tage zu geben, sondern den Tagen mehr Leben.« Betrachten Sie dieses Buch mit seinen Gedanken, Unterstützungen und Impulsen als einen Weg dahin, ein reiches, intensives, klares, pures Leben zu leben. Ohne Überflüssiges, Selbstlügen und Umwege.

GEDANKEN

Oft fahre ich an Häusern vorbei, in denen »Friede, Freude, Eierkuchen« zu herrschen scheint. Das kleine Neubauanwesen liegt auf einem handtuchgroßen Grundstück. Draußen stehen die übliche Kinderschaukel, der Sandkasten und auch das Trampolin. Ein Sitzplatz im Garten, zwei Autos vor dem Haus. Doch sind diese Menschen glücklich, wirklich glücklich? Sind sie zusammen, weil sie sich lieben, oder sind sie zusammen, weil sie jetzt eben zusammen sind, weil sie beide im Darlehen zu diesem Haus »hängen«, festhängen? Ganz im Sinne eines goldenen Käfigs. Ach, wie sehr flimmert dieser Gedanke auch in dem einen oder anderen Gespräch auf, das ich immer wieder mit Menschen führe, die in mein Coaching oder Training kommen. Sie erzählen dann von dieser Art Hamsterrad, fühlen sich gefangen, wissen nicht, wie sie da herauskommen sollen, und sind chronisch unglücklich, mal mehr, mal weniger. Da zerrt ein Kampf in ihnen, der Kampf zwischen Freiheit und Sicherheit, Abenteuer und Sich-selbst-Entwickeln oder Auf-der-Stelle-Treten, weil ... Die Kinder, der Mann, die Frau, das Haus, das neue Auto, zu jung, zu alt ... Irgendetwas ist immer.

Und dann erzähle ich von meiner Situation, von der Zeit davor, das Immer-wieder-in-die-Aufrichtigkeit-Gehen, die Suche nach einer wahrhaftigen, inneren und äußeren Ehrlichkeit – die so weit geht, einen Preis wie diesen zu bezahlen: den Verzicht auf viele Annehmlichkeiten, Luxus, Platz, Sicherheit. Dieser Preis mag hoch sein, denn es ist noch nicht wirklich vertraut, das neue Leben. Wir sind erst ein paar Wochen unterwegs, der Spätsommer schenkt uns immer noch goldenes Licht, der Herbst deutet sich an – zumindest an den Abenden und in den frühen Morgenstunden. Noch ist nicht Winter, vor dem fürchte ich mich, wenn ich ganz ehrlich bin. Und doch hege ich romantische Vorstellungen von bunten Glaskugeln an der Decke des Wohnmobils, verschneiten Landschaften, die wir passieren, und Besuchen von ganz vielen Weihnachtsmärkten.

So ein Aussteigen oder ein Sabbatical, das geht nicht so ohne Weiteres und sofort. Dazu braucht es Vorbereitungen, Mut, Ideen und Energie. Und manches Mal ist es ja auch gar nicht das, worum es geht. Sondern es geht um etwas anderes, etwas Tieferliegendes. Vielleicht geht es um einen Ruf, den jemand hört, nach einer Veränderung, einem Aufbruch.

Ich glaube, dass es ganz viel wert ist, einmal alles auf den Prüfstand zu stellen. Für sich allein, als Familie oder als Paar. Allein das Unterbrechen all der Gewohnheiten und Routinen macht etwas aus. Mit Gewohnheiten meine ich die eingefahrenen Muster, die wir als Paar oder auch als Familie so haben. Sind sie noch passend? Welchen Zweck erfüllen sie? Warum machen wir das? Was könnten wir eventuell anders machen?

Und es sind auch die Gewohnheiten im Denken und Bewerten von Ereignissen. Wie viele meiner Vorannahmen konnte ich in den Wochen bisher an die Seite legen? Stempel drauf: Hat sich erledigt! Ja, früher dachte ich,

- dass Katzen nicht mit einem Wohnmobil reisen oder in einem Reisemobil wohnen,
- dass ich viel Platz benötige,
- dass ich nicht mit acht Litern Wasser duschen kann,
- dass Wohnmobilisten Spießer sind …

Vieles können wir, wenn wir ehrlich sind, revidieren. Mit jedem Tag mehr denke ich, dass das wahre Aussteigen in den Köpfen der Menschen stattfindet. Das Aussteigen aus den üblichen Gedanken- und Interpretationsbahnen.

Geleit geben mir diese fünf Tugenden, die mir wie ein roter Faden eine Richtung weisen, wenn ich am Zweifeln bin oder unsicher werde.

- **Nicht urteilen** (über mich und andere Menschen, Situationen etc.)
- **Nicht verhaftet sein** (in übernommenen Ideen, alten Rollen und überholten Routinen, einschränkenden Glaubenssätzen)

- **Nicht leiden** (stattdessen den Schmerz kommen und gehen lassen, keine Geschichten über den Schmerz schreiben, im Augenblick sein, nicht am Leiden leiden)
- **Schönheit leben** (Das Schöne zu erkennen ist eine Haltung, ebenso Schönes zu verbreiten.)
- **Aufmerksam sein** (wach und präsent zu sein, still sein können, in einer richtigen Beziehung zum Leben sein, annehmen statt kämpfen, dort kämpfen, wo ein Kampf notwendig ist)

ANKOMMEN?

Jena im Hochsommer. Hitze und Sonne. Abkühlung gibt es in den großen Hallen, in denen unsere Kisten und Möbel stehen. Als wir ankommen, versinke ich einfach nur noch in den Kisten. Reibe mich an den Erinnerungen, ziehe Kinderbücher meiner Tochter ebenso beseelt aus den Kartons wie ihre Kindergartenzeichnungen und Fotos.

Duftende Seidenschals meiner verstorbenen Mutter, Kinderschuhe, Marathonmedaillen, verklebte Bonbons und Trainingshandouts.

Erinnerungen, die nun zwölf Monate eingepackt waren – die ich nicht sehen konnte und die mir auch nicht fehlten. Doch jetzt, bei der Inaugenscheinnahme, spüre ich ihre Präsenz und Bedeutung. Wenn ich ehrlich bin, geht es allerdings auch ohne sie. Schöner wird es mit ihnen sein. Es ist ja nur das Sahnehäubchen, denn so vieles habe ich schon vor zwölf Monaten ausgesucht, weggeworfen, entstaubt und als nicht wichtig befunden.

Und doch sortiere ich hier noch einmal aus. Gut ein Drittel der untergestellten Dinge und Gegenstände werden noch einmal weggegeben. Einiges wird einfach verschenkt. Für das andere wird ein Container bestellt, in den ich fröhlich und erleichtert weitere Überflüssigkeiten werfe. Auch das noch einmal ein bedeutender Schritt! So vieles ist dabei, von dem ich dachte, dass es wichtig sei, dass ich es unbedingt bräuchte. Und dann – doch nicht wichtig.

Klasse: Weniger ist mehr. Weniger Ballast – weniger Kram – mehr Freiheit und Beweglichkeit.

In mir wächst eine Vorfreude, den Dingen, die ich behalten werde, einen Platz zu geben, wieder ein Heim einzurichten, wo ich inmitten der ausgewählten persönlichen Dinge wohnen kann. Geordnet, gerichtet. Ich staune darüber, wie selbstverständlich diese Qualität von anderen Menschen, die das immer so erleben, als gegeben und normal hingenommen wird. Ist ihnen das eigentlich alles bewusst?

Dieser Abend hier, mit Katze und Wohnmobil auf dem schönen alten Speditionshof in Jena, wo wir unsere Habseligkeiten bei Freunden untergestellt haben, ist einer der Höhepunkte der letzten Wochen, ein Sinnbild für vieles, was dieses Jahr ausgemacht hat und immer noch ausmacht: Menschen treffen aufeinander, sitzen um das Wohnmobil herum, Essen und Trinken sind da, Gesprächsthemen aller Art.

Die Begegnungen sind intensiv, weil wir »im Moment« leben, im Jetzt. Kein Aufschieben, sondern das Jetzt festhalten, wie den Gemüsespieß, den ich gerade vom Grill genommen habe, den wir spontan aufgebaut haben. Verbindlichkeit und Beweglichkeit im selben Moment.

Die Katze läuft fröhlich raus und rein und ahnt noch nicht, dass dieses »freie« Leben morgen zu Ende sein wird.

Der Abend ist lang, eindrücklich und besonders: noch ein letztes Mal im Wohnmobil schlafen.

Gleich früh am Morgen kommen die Umzugsmänner. Mit viel Können, Schwung und guter Stimmung räumen sie in kurzer Zeit unsere Möbel ein. Der große LKW fährt los, ich sehe sie davonfahren.

Dann stehe ich schließlich in unserer neuen Wohnung. Ankommen? Hier – nach all den Monaten unterwegs? Plötzlich zufrieden sein? Plötzlich heimisch? Das soll es sein? – Ganz ähnlich klingen meine Stimmen und Fragen im Kopf. Ich verneige mich vor der Aufgabe, nach diesen zwölf Monaten im eigenen, rollenden Zuhause »mal eben so anzukommen«, nur weil plötzlich feste Wände um mich sind. Nur weil die Menschen um mich herum sagen: »Du musst doch mal ankommen.«

Nein, ich komme nicht an.

Ich lande. Punkt für Punkt, Schritt für Schritt.

DANKSAGUNG

Ohne die Unterstützung vieler verschiedener Menschen wäre dieses Projekt nicht zustande gekommen. So bedanke ich mich an dieser Stelle ganz herzlich bei Ricarda und Rolf, bei Uta und Heiko, bei Kai und Michael, bei meiner Tochter Thea und insbesondere bei Nicola. Ohne Nicola wäre dieses einzigartige Projekt nicht möglich gewesen.

Allen Menschen, denen wir unterwegs begegneten, die uns unterstützten, als wir noch unerfahren mit dem Wohnmobil waren, die uns einen Stellplatz boten, Menschen, die mich durch ihre Fragen immer wieder anregten, tiefer nach dem Sinn und der Essenz zu suchen, die mich herausforderten, meine Glaubenssätze zu überprüfen und die mir Mut machten, wenn es gerade einmal nicht leicht war, gilt mein Dank ebenso.

Und ebenso bedanke ich mich bei all den Menschen, mit denen ich die vielen wunderbaren Momente erlebte, die gekrönt waren von Gemeinsamkeiten in vielen Stunden, an vielen Abenden, bei Picknicken, unverhofften Begegnungen, Stunden am Feuer, Mahlzeiten und Gesprächen am kleinen Tisch im Wohnmobil.

Ein weiterer herzlicher Dank gilt Frau Dr. Sandra Krebs und ihrem tollen Team vom GABAL Verlag sowie Frau Anna Ueltgesforth für ihr sensibles Lektorat und ihre Unterstützung bei der Fotoauswahl.

LITERATUR

Zur Geschichte von Nasreddin: Kornfeld, Jack / Feldmann, Christina: Geschichten, die der Seele guttun. Herder Spektrum, Freiburg 1998.

Zum Gedankenexperiment von Robert Nozick: Nozick, Robert: Anarchy, State, and Utopia. Basic Books, New York 1974.

Messer, Barbara: Das schaffst du schon. Gabal Verlag, Offenbach, 2013. S. 37 – 39.

Zu den Sterbephasen: Kübler-Ross, Elisabeth: Zur Sterbeforschung. Interviews mit Sterbenden. Droemer Knaur, 2001.

Buber, Martin: Der Mensch wird am Du zum Ich. Ich und du. Insel-Verlag, Leipzig, 1923.

REGISTER

DIE AUTORIN

Wachsen. Klarheit gewinnen, Erkenntnis und neues Wissen. Weiterkommen in dem, was wir bewirken und erreichen. Barbara Messer ist Speaker, Coach, Trainerin, Ausbilderin, Consultant, Macher, Ideenquelle, Clown, Tausendsassa, Wanderratte, Glückspilz, Stehaufmännchen, Mutter, Lebenskünstlerin, Geschäftsfrau – ein Mensch mit tausend Facetten. Die einzig passende Schublade ist das Streben nach Weiterentwicklung.

Barbara Messer gilt auch als Meisterin der Inspiration. Dabei leiten sie besondere Fähigkeiten wie ihr Falkenblick – geschult in der Altenpflege, in Jahrzehnten der Körper- und Theaterarbeit, in jahrelanger Tätigkeit als Ausbildungstrainerin und Coach. Sie, die Worte für alles, auch für Unsagbares, hat und die aus Schwachpunkten neue Lernaufgaben macht, ist Mentorin und Wegbegleiterin für alle, die bereit und neugierig sind, über ihren Tellerrand hinauszuschauen und ihren Horizont zu erweitern. Möglicherweise erkunden Sie mit Barbara Messer für sich neue Welten. Auf jeden Fall können Sie neue Perspektiven gewinnen.